はじめに

原点回帰の大号令とともに、神日本・世界平和統一家庭連合は改革の道に向かって大きく一歩を踏み出しています。

イエス様の十字架以降、摂理の中心軸を担ったキリスト教二千年の殉教史の土台の上で、再臨主を迎えるためにその使命を引き継いだ世界基督《キリスト》教統一神霊協会（統一教会）。一九五四年の創立以来、統一教会の四十年間は、正に、いわゆる〝苦難の宗教〟と言われたように、愛する者や生活基盤を犠牲にし、身を天に捧げた蕩減《とうげん》の時代でした。

イエス様は、「神の国のために、家、妻、兄弟、両親、子を捨てた者は、必ずこの時
の幾倍もを受け、また、きたるべき世では永遠の生命を受けるのである」（ルカ
三〇）とまで語られていますが、私たちは、摂理の周辺に生きる者たちからは理
い、神とサタンの一線の道を歩んできました。それもすべては、天の父母様（神様）
心を地上に安着させるための、アベル圏の宿命の道だったとも言えます。

◆生活信仰

四十年の蕩減《とうげん》基台の上で、今や摂理は大転換の時代に突入しています。イスラエル民族が、四百三十年間、過ごしてきたエジプトを捨てて、苦難の四十年荒野路程を通過し、神様の約束の地カナンに定着する時代を迎えたように、正に今、摂理の羅針盤の針は、天一国《てんいちこく》定着、安着に向かって、その針路を大きく変化させていることに、私たちは気づかなければなりません。

本来人間は、宗教と信仰生活を通して神様と関係を結ぶように造られた存在ではありません。本然の園には宗教はなかったのです。本然の神人関係は、信仰儀式の手順が必要なく、実生活において真の愛の幸福に酔いながら、理想的家庭を中心として暮らすことのできる真の父母と真の子女の関係です。（天一国経典『平和経』第二篇９）

宗教の目的は、宗教が必要のない個人、家庭、社会をつくることにほかなりません。学校に入学すれば、所定の課程を履修して卒業しなければならないのと同じように、宗教は、

信仰の花が咲く
家庭となるために

生活信仰
生活伝道
生活教育

天の父母様聖会　世界平和統一家庭連合

信仰の道への入門を強調する以上に、個々人を教育、修練しながら生活信仰者として育成し、卒業させることを、より一層重要視しなければなりません。

羅針盤の針が指し示す目的地にたどり着くために、私たちに求められる一歩が「生活信仰」です。

生活信仰の鍛錬を通して、ために生き、投入しては、また投入する真の愛の人格がつくられてこそ、理想的な夫婦、理想的な家庭が形成されるのです。この道こそが極端な利己主義、個人主義、物質主義の惰性から抜け出し、人類に明るい未来を期待できる道です。この道こそが不倫と青少年の堕落、そして家庭破綻を防ぐ道なのです。（天一国経典『平和経』第七篇 4）

アダムとエバとその子女たちは、全人類が従うことができる根本原理を、生活の中で確立しなければならなかったのです。（一九九七・一一・二七）

心情文化世界を創建するために、私たちは、真の愛、真の父母思想の教育を通して人格を涵養《かんよう》し、神様の祝福のもとに真の愛の家庭を築く運動を、さらに広げていかなければなりません。正に、真のお母様が強調されたように、愛の実践を生活化させる「天寶《てんぽう》修行」の道は、羅針盤の針が示す核心とも言えます。

◆生活伝道

「生活信仰」への取り組みは、必ず「生活伝道」へと導かれることでしょう。アベルがみ言《ことば》の実体として、生活圏で実践する限り、必ずカイン圏の本性に「共鳴」を起こし、心に大きな変化が起きていくはずです。

天一国《てんいちこく》時代の伝道は、「生活伝道」です。家族、親族、親友、同僚……、それぞれと関係を結んでいる生活圏こそが最高の伝道環境です。そこに気負いは必要ありません。み言に基づく当たり前の生活をしている限り、相手の心に本性的「共鳴」が起きてくるはずです。

アベルの「生活信仰」によって、カイン圏は、二十四時間、どんなときも、「生活伝道」の環境圏で、「真の愛の幸福に酔う生活」へと連結されていくのです。

◆生活教育

心の共鳴がつくる環境圏の中では、無意識のうちに「生活教育」が施されていきます。子が両親の姿を見ながら学びを深めるように、み言に根ざしたアベルの愛の実践生活は、カイン圏の「生活教育」へと連結されていきます。そこには既に、天の父母様と真の父母様が安着されていることでしょう。

天一国の文化の核心は「孝情《ヒョヂョン》」です。子が親の心情に生きる生活は、すなわち孝情を育む生活となります。それが成されたときには、宗教という言葉は消えていくことでしょう。

本書は、真の父母様のみ言から「生活信仰」、「生活伝道」、「生活教育」の主題に関連したものを選び、抜粋して整理、編集したものです。

日々、これらのみ言を訓読しながら歩むことで、私たちの生活が変化し、家庭が円満となり、その姿を通して、多くの人々に天の父母様と真の父母様を証《あか》ししていけるようになることを願ってやみません。

天の父母様聖会 世界平和統一家庭連合

生活信仰、生活伝道、生活教育・目次

第一章　生活化の時代

第二章　生活信仰

第一章　生活化の時代

天一国《てんいちこく》安着時代

天の父母様（神様）は、天地創造の夢を地上で成されたかったのです。私たち統一教会（家庭連合）の六十年の歴史は、荒野路程でした。定着することも、安着することもできませんでした。

しかし、真の父母によって、基元節に新しい国、天一国が出発したのです。そして、その天一国という国の中で、中心となるべき方は、もちろん天の父母様と真の父母様であり、真の子女、祝福家庭の皆さんです。

今まで六千年間、堕落した人類としては、夢見ることもできませんでしたが、真の父母によって新しい時代、新しい歴史、天一国が開かれました。そして、（皆さんは）天一国の民の資格を備える祝福を受けました。正に、「天寶《てんぽう》」です。（真のお母様、二〇二一・二一・二五）

ここに集まった皆さんは、勝利した真の父母の誇らしい真の子女であると同時に、神日本の希望であることを肝に銘じてください。天の父母様のみ旨のために、韓国と日本の和合のために、そして摂理の祖国・大韓民国が、天の父母様に侍《はべ》る神統一韓国になるように応援して支援する、真なる子女になることを希望します。

そして、自由と平和と幸福があふれる統一の世界を建設する真なる父母の道、真なる夫婦の道、真なる子女の道、そして真なる祝福家庭の道を行く皆さんとなって、神氏族メシヤの使命を完遂する天寶（家庭）となるように願います。（真のお母様、二〇二〇・七・一八）

皆さんの苦労と精誠により、天の倉庫に入ることのできる、立派な穀物として、永遠に変わらない姿にならなければなりません。

天の父母様と真の父母と人類が、地上で平和な人類一家族、地上天国生活をなしていくにおいて、皆さんが中心に立って責任を果たす真の家庭、祝福家庭、天寶家庭になるように祝願します。（真のお母様、二〇二二・八・一三）

家庭を定着させるとき

神様を中心として、真の愛の血統を受け継いでいたならば、真の生命、真の血統と真の良心をもった真の「私」になったでしょう。堕落によって偽りの私になったので、体と心が闘っているのです。

今や本然的アダム家庭の世界型版図に加入すべき時代に入ったので、全世界の人々が家庭を中心として完成しなければなりません。完成すべきものは何でしょうか。

堕落した家庭を蕩滅《とうげん》復帰した家庭にしなければならないのですが、これは、「世界平和統一家庭連合」を通して、世界的に各自が努力して備えなければなりません。

完成は、アダムとエバがしなければならないのです。神様がしてくれるのではありません。真の父母がしてくれるのではありません。これができることによって家庭連合が形成されるのです。これは、世界的な組織です。堕落した世界のアダムの血統を越えるのです。

山を越え、坂道を越えるように、復帰過程を上がっていって失敗すれば、いつでもこれを繰り返すのです。何百万年、何千万年、繰り返すのです。（天一国経典『天聖経』第十一篇 第五章 第二節23）

皆さんの体、心も二人です。一つにならなければ、天一国《てんいちこく》の民になれません。天国が漠然としていたというのです。個人の体と心が闘っていては、個人から国を完成することができません。

「天一国」と言えば、個人において体と心が一つになり、夫婦が一つになり、父母と子女が一つになり、兄弟が一つになり、家庭が定着するのです。それが一つにならなければ、定着はありません。（天一国経典『天聖経』第十二篇 第二章 第四節39）

宗教が定着する所は、神様の家庭です。エデンの園で失った家庭を取り戻すために、宗教が出発しました。それで、統一教会で、神様と連結させる真の愛、真の生命、真の血統を中心として、祝福式を行ってきたのです。そのあとからは、宗教圏を越えていくのです。ですから、「世界基督《キリスト》教統一神霊協会」はなくなり、「世界平和統一家庭連合」を中心として進むようになります。真の愛、真の生命、真の血統を中心として、家庭が定着するようになれば、宗教の責任は完結するのです。（二〇〇一・一二・一二）

今までの宗教は、あくまでも個人救援を目的とし、個人を悪から救う内容を教えてきました。しかし今、世界が必要とする宗教は、個人を中心とする宗教ではなく、家庭を構築する一つの基盤を準備できる宗教です。

天意によって保障され、人意によって公認され、天情と人情が一つになった位置で、いかなる試練にも耐え得る家庭救援の出発が歴史上に新たに現れれば、そのような宗教運動は世界的に広がるでしょう。

それは、ある一カ所、例えば韓国という特定の民族を中心とするのではなく、超国家的、超民族的な基準で、家庭の理念を中心として行う運動です。そのような運動をする宗教があるとすれば、それは今後において絶対必要な宗教ではないかというのです。（天一国経典『平和経』第二篇１）

もはや宗教圏時代ではありません。それで、「世界基督《キリスト》教統一神霊協会」を解消しました。これからは「世界平和統一家庭連合」の時代です。宗教ではなく、神様の家庭を探し求めようというのです。これに対して否定する人はいません。

お父様は、一対一で整備して蕩滅《とうげん》路程を行ったのです。何百倍、何千倍になる蕩滅の道を開拓してきました。そうして、神様を解放することができました。愛の鎖を結びつけて、断ち切ることのできない連帯関係にしたのが「世界平和統一家庭連合」です。（二〇〇一・八・二一）

今までの宗教の目的は、個人を救うことでした。しかし、統一教会は個人の救いよりも家庭の救いを目的とします。救うとしても、家庭を救い、天国に行くとしても、自分一人では行きません。

統一教会の救援観は、夫は天国に送り、妻は地獄に送ろうというものではありません。二人とも天国に行こうというものです。また、父母を地獄に送るのではなく、父母に侍《はべ》り、また息子、娘も連れて天国に行こうというものです。

統一教会は、自分が愛する家庭、自分が愛する氏族まで、一切を連れて天国に行ける道理を教える所なので、他の宗教とは次元が違います。今までの宗教は独身生活を強調しましたが、統一教会は家庭を重要視します。家庭を中心として行くのです。

その家庭は、世界のための家庭であり、神様のための家庭です。これが、統一教会の教会員たちが行くべき道であり、今後、皆さんが生活していくべき道なのです。（天一国経典『天聖経』第五篇 第四章 第六節14）

一つ一つの家庭を中心として、再度収拾しなければなりません。統一教会の組織は家庭組織です。家庭を中心とするというのです。個人を中心としてきたものから、家庭を中心とするというのです。

今まで皆さんは家庭を軽んじてきました。軽んじていた家庭は、分かってみると皆さんに必要な家庭だったというのです。皆さんが今まで無価値に感じた家庭が、今や絶対的な権威をもって現れる時が来たというのです。ですから、祝福が貴いのです。（天一国経典『天聖経』第五篇 第四章 第六節 34）

神様の創造理想

神様のみ旨とは、創造理想を完成することですが、具体的に言えば、四位《よんい》基台を完成することです。四位基台は、完成したアダムと完成したエバが、神様の愛の中で祝福を受け、そのお方の息子、娘になると同時に神様が願う夫婦となり、その次には、神様が願う家庭を築くためには子女がいなければならないので、子女を完成させることです。

結論として言えば、創造理想世界は、神様の愛を中心として神様と息子、娘であるアダムとエバが一つになり、その次には神様の愛を中心としてアダムとエバが父母になって、子女と一つになった一つの愛の理想的な家庭です。（天一国経典『天聖経』第五篇 第一章 第二節 4）

人間の先祖を中心とした神様の理想は、理想的な男性と理想的な女性が理想的な家庭をつくることでした。理想的な家庭をつくるその中心は、男性でもなく女性でもありません。家庭は結局、父母と子女の集まりです。また、夫婦は男女の一つの束を言います。その束の中心が神様の愛です。

したがって、神様のみ旨の完成とは、神様の愛を中心とした夫婦、神様の愛を中心とした家庭の完成を意味するのです。（天一国経典『天聖経』第五篇 第一章 第二節 7）

神様の愛は、父母の愛、夫婦の愛、そして子女の愛、この三つの愛が一つになったところに現れます。これらが絶対的に一つになったところには、神様が絶対的に永遠に共にいらっしゃいます。変わらない父母の愛、変わらない夫婦の愛、そして変わらない子女の愛、この三つの愛が存在するところには、いつも神様がいらっしゃるのです。統一教会の四位基台の理論は、このような基盤から現れたのです。（天一国経典『天聖経』第五篇 第一章 第三節 1）

神様の愛は、父母の愛、夫婦の愛、子女の愛を代表します。もちろん、そこには兄弟の愛も入り、これを拡大すれば国家や世界の愛も入ります。

神様の愛は、父母の愛、夫婦の愛、子女の愛として現れるのです。これが最高に素晴らしい言葉です。愛の力は、すべてのものを治めることができるので、運命の道も意のままにすることができます。

もし、このような愛をはっきりと知ったなら、この愛の力をもってすべてのものを治めることができるので、私たちの運命の道も意のままにすることができるのです。（天一国経典『天聖経』第三篇 第一章 第一節 7）

父母の愛、夫婦の愛、そして子女の愛の三大愛をすべて実現するようになれば、四位《よんい》基台が形成されます。その四位基台が備えられたところには、神様が間違いなく来られるのです。四位基台の愛があるところに神様が臨在されるのです。

そこで神様に侍《はべ》り、千年、万年暮らしたいと考えなければなりません。その場所が天国の基盤なのです。（天一国経典『天聖経』第五篇 第一章 第四節 19）

天国は家庭から

神様の理想とは、漠然と神様の心の中で成されるのではありません。神様の観念の中で成就されるのではなく、今、人間が生きている現実的な生活の基点において成就されます。その生活というものは、私たち個人を中心とした、男性なら男性、女性なら女性の日常生活ではありません。

神様は、家庭的生活基盤を標準にした理想の実現を計画したのです。その理想の実現が完成するとき、そこにおいて真の理想的な子女が形成され、その子女の形成を中心として氏族が編成され、氏族と民族と国家と世界が形成されて、神様の理想世界が完成されます。神様のみ旨は、この理想世界を実現することです。その出発点は、あくまでも「私」ではなく、家庭なのです。（天一国経典『天聖経』第五篇 第四章 第六節24）

「統一原理」と創世記を見れば、すべての万物は人のために造られたとなっています。また、私たちが望む理想世界も、人のためにあるのです。ですから、人を愛し、人のために生きようとする世界が天国です。天国がほかにあるのではありません。人のために生き、人を愛そうとする人々が暮らす世界が天国です。

それでは、人のために生き、愛そうとする、そのような所とはどこでしょうか。自分自身を中心として見てみるとき、人を愛し、自分自身を高めることができる所は家庭です。

父母の目で子女を見るとき、その子が聞き分けのないいたずらっ子で、一から十まで誇るに値することが一つもなくても、父母はその子を誰よりも愛します。

家庭は、愛に満ちた所であり、自分を高めることができる所です。自分の価値を無限なものとして現し得る所です。そこは幸福な所なのです。（天一国経典『天聖経』第五篇 第一章 第四節3）

今日の世界を見てみるときに、数多くの人々が、「世界は一つにならなければならない」と言います。平和の世界が来ることを望んでいます。幸福の世界が来ることを望み、さらに宗教的な言葉を挙げていうならば、「地上天国をつくらなければならない」、あるいは「理想世界を建設しなければならない」と言っています。

このように言いますが、どんなに大きな世界がそのようになることを望み、またどんなに努力するとしても、それができる基盤がどこかというと、家庭なのです。

ですから、家庭から理想を謳歌《おうか》し、家庭から平和を建設し、家庭から愛と幸福の歌を歌うことのできる基盤を世界的に備えない限り、いくら理想世界、あるいは天国、地上天国を夢見ても、その世界は到来しないというのです。（天一国経典『天聖経』第五篇 第四章 第六節30）

統一教会は観が明確です。ですから、今日、統一教会の理念をもって、どこに行っても引っ掛かりません。このような自信をもって、あすの天国を建設しなければなりません。生活天国は「私」の手から、心情天国は私の家庭からつくっていこうというのです。すなわち、私の家庭を中心としては心情天国をつくり、私の手を通しては環境天国をつくろうというのです。

神様がこの地上に臨在しようと、永遠の福地の楽園をつくろうとされたのを、私たちの一代で神様と拍子を合わせ、神様に永遠の福地を成し遂げてさしあげようというのです。物質を備えて神様を称賛し、息子、娘をもって神様を称賛し、自分の兄弟をもって神様を称賛して生きなければなりません。そうでなければ、創造原則である四位《よんい》基台の理念を備えて生きる息子、娘だということができません。（天一国経典『天聖経』第五篇 第四章 第六節32）

世界平和の起源は、家庭において、子女と父母がどのように平和の基盤を築くかというところにあります。これが平和の全般的な問題をすべて解決できる基礎だということを知ったので、統一教会は、個人完成と家庭完成を強調しているのです。

大韓民国において、いくら南北統一がもたらされたとしても、家庭の平和をもつことができなければ、南北統一の平和も崩れてしまうのです。

先進国を代表する国々が、国際会議を通してどんなに世界的平和を形成してきたとしても、世界の家庭を中心とした父母たちが、平和の基準を引き継ぐ家庭的基盤を形成できないときは、その世界の平和も崩れるようになるのです。（天一国経典『天聖経』第十篇 第二章 第三節15）

南北統一は、単に今の国家だけの問題ではありません。これは、大きくいえば世界的な問題であり、小さくいえば個人の問題にも連結されます。世界の統一の前に、国家の統一がなければなりません。国家の統一の前に、家庭の統一がなければなりません。

いくら夫婦が幸福を願っても、一つになれないときは、その家庭が幸福になれません。また、その家庭が幸福であることを願っても、「私」個人が幸福でなければ、その家庭の幸福も不可能なのです。

昔の言葉で、「家和万事成《いえわしてばんじなる》」という言葉があります。最も重要なことは、夫婦が一つになって平和の家庭を築くことです。これがすべての解決の基点になるのです。（天一国経典『天聖経』第十篇 第三章 第四節31）

天国には、互いに愛し合う夫婦だけが入れます。ですから、この地でそのような思想をもって互いに愛し合う夫婦は、いつも天国生活をしています。イエス様は、「神の国は、実にあなたがたのただ中にある」（ルカ一七・二一）と言いましたが、統一教会では、「あなたの家庭に天国がある」と言うのです。

家庭で天国をつくることができないときは、統一教会のみ旨が成されません。しかし、それができるときは、そのみ旨が成就されます。このような観点から、皆さんは原理を中心として正道を選別して歩んでいかなければならないのです。（天一国経典『天聖経』第五篇第四章 第六節36）

家庭生活に実らせる

家庭は、一つの代表的な人間が暮らしているモデルです。いかなる人も家庭の基盤を通して人生の道を整え、そこで生み、それを中心として東西南北を往来し、上下を往来しながら生き、そして逝くのです。このように見るとき、家庭の幸福を得ることができなかった人は、国の幸福を求めることができません。

いくら国を求めたとしても、国のどこに住みますか。自分が行くべき所がなければ不幸なのです。家庭に行ってこそ、父母がいて、家庭に行ってこそ夫や妻がいて、そして家庭に行ってこそ子女がいるのです。（天一国経典『天聖経』第五篇 第一章 第四節 9）

私たちは、個人中心ではなく、家庭中心です。だからと言って、家庭だけを中心としてすべてのものを清算するのではなく、すべて連結しなければなりません。ですから、昔、独りで修道の生活をしていたときの努力ではいけません。「昔、努力したときの何倍以上も努力しよう」という決意と覚悟を加えなければなりません。

悪に対して挑戦していく生活は、ややもすると疲れて後退しやすいのです。家庭をもったときは、独りのときの何倍も努力しなければなりません。家庭は中心をつかむ場です。私たちは、現実を避けることはできません。前後、左右、上下の関係を家庭で築かなければならないのです。

ですから、過去の信仰形態ではいけません。過去の一方的な信仰態度でも駄目なのです。祝福は、死ぬか生きるかの決定点です。(天一国経典『天聖経』第十一篇 第四章 第一節11)

私たちは、心情を離れては生きることができません。自分が大統領だとしても、あるいは世界的なあらゆる権威を備えているとしても、心情的な喜びを表示する所がなければ生きることができません。自分が率いる人々や閣僚たち、あるいは追従する人々からは、心情的な満足を感じることができません。

それは家庭で感じなければなりません。家庭に帰ってきて、夫婦が互いを通して喜びを感じ、また子女を通して喜びを感じることができなければなりません。そうして、その喜びを他の人々に誇ることができなければなりません。

神様も同じです。この世界をすべて復帰したとしても、家庭がない神様は喜ぶことができません。結局、家庭がなければならないというのです。(天一国経典『天聖経』第五篇 第一章 第四節 1)

ある人は、「会社に行っても愛を探すことができる」というかもしれませんが、違います。会社は物質を通して利益を得ようと連結された所です。また、政治の分野は、人同士が自分の権益を得る所です。そして、宗教も、神様を見いだすありとあらゆる方法があり、それぞれの宗教で異なる方法があります。それで神様を見いだすことはできますが、愛は見いだせません。真の愛は、家庭で探さなければならないのです。

いくら会社に出ていってお金をたくさん稼いでうまくいったとしても、愛する家庭のない人は不幸な人です。また、いくら政治の分野に進出して大統領になったり、国会議員になったりしたとしても、帰ってきて愛することのできる愛の家庭がなくなるときには、不幸な人です。

有名な牧師になり、立派な霊的指導者になって教会の信者から愛を受けるといっても、その愛だけでは駄目です。その愛よりも深く、さらに中心的な愛の場を求めようとすれば、それは家庭しかありません。(天一国経典『天聖経』第五篇 第一章 第四節 10)

統一教会では、「神様が人間の家庭の中で、人と一緒に喜んで暮らすことを願われる」と言います。私たちが愛を授け受けするのを学ぶ所も、調和の喜びを創出し、育成し、体《たい》恤《じゅつ》する所も正に家庭なのですが、これが信仰の核心です。

家庭的な愛の養育なしには、幼児期と青年期を通して、いかなる人も配偶者や子女を愛する能力を啓発できないのです。（天一国経典『天聖経』第五篇 第一章 第三節 9）

家庭における日常生活は、正分合作用を具現します。すなわち、朝、お互いの仕事のために別れるときも喜びで別れ、夕方再び会うときも喜びで会わなければなりません。また、家庭に帰ってきては、その日にあったことを妻と子女たちに話し、相談して、誤ったことは直すようにしなければなりません。家庭全体を愛で結びつけて、笑顔で結びつけなければならないのです。

子女たちが、「うちのお父さんは素晴らしい！　うちのお母さんは素晴らしい！　お父さんとお母さんが互いに愛し合うのを見ると、本当に素晴らしい！」と言って、誇ることのできる家庭が、子女たちの安息の住まいです。ほかにはどこにも行きたくないと思うほど、永遠の喜びの根拠地となり、自慢の根拠地となる夫婦にならなければなりません。（天

一国経典『天聖経』第五篇 第一章 第一節8）

私たちが遠く離れた家族を慕うのは、そこに、「ために生きる愛」があるからです。父母の愛、兄弟姉妹の愛、妻子と隣人、親戚の愛が、一つ一つ宿っている所です。このすべての関係と縁が、「ために生きる愛」によって結ばれていて、そのすべてを抱きたいと思う、そのような温かい所です。そこに、解放された自らとして堂々と帰り、胸いっぱいに自然を抱き、家族や親戚を愛しながら歓喜の歌を歌うことが、家族のもとを離れた旅人の郷愁の思いであり、希望でしょう。

故郷を追われ、本郷との心情の根を失ってしまい、家族に会いたいと思っても帰ることができず、永遠の孤独の敗亡者として独り流浪しながら生き、地獄に行くしかなかった身の上が、正に堕落の末裔《まつえい》である人類だったというのです。

しかし、人類は今、後天開闢《かいびゃく》時代を迎え、このような足かせの沼から解放され、夢にも忘れることのなかった故郷を訪れ、家族に出会える道が開かれました。人類にとって、これほど大きな祝福の日が、またとあるでしょうか。アダムとエバが堕落によって失ってしまった本然の家庭を、私たちが再び探して立て得る天運の時が到来したのです。（天一国経典『天聖経』第十三篇 第一章 第二節12）

第二章　生活信仰

侍義《じぎ》時代

これからは、侍《はべ》って暮らす侍義時代です。侍ることによって救いを得るのです。今までは蕩減《とうげん》によって救いを受けました。天に侍って暮らせる侍義時代に入らなければなりません。

神の国がなければならないのです。イエス様は、国がなかったために追い出されたのです。皆さんも同じです。先生のみ言《ことば》をつかんで、歩んでいかなければなりません。み言を否定するサタンの権勢はありません。神様を中心として、そのみ言と霊界と歩調を合わせ、実体的家庭ができていれば、その家庭を中心として、いくらでも拡張できるのです。

家庭がないのに、国がどのようにしてできますか。私たちの家庭から私たちの氏族が生じ、私たちの氏族を中心として私たちの国が生じ、世界が自動的にできるのです。その版図が、祝福を受けた家庭を通して形成されるのです。（天一国経典『天聖経』第十一篇第一章第一節２）

神様が、信じ、行い、生活するような、侍る環境にいれば、サタンは干渉できません。

いつもサタン圏内にいるとしても、そのような環境で神様と共にいられる義なる基準が生じれば、サタンはそこから後退するのです。

そうかと言って、行いの旧約時代が過ぎ去り、信仰の新約時代が過ぎ去り、侍る成約時代だけがあるのではありません。旧約時代の行いも必要であり、新約時代の信仰も必要であり、成約時代の侍る生活も必要なのです。成約時代にも信仰が必要であり、行いが必要であり、すべて必要です。

それは蘇生《そせい》の上に長成があり、長成の上に完成があるのと同じように、それは切っても切れないのです。今、特に侍義を語るのは、生活化天国時代だからです。（天一国経典『天聖経』第十一篇 第一章 第一節12）

侍義時代とは何でしょうか。神様に侍って暮らす時代です。聖書における第一の戒めも、「神様を愛しなさい」というみ言ではないでしょうか。

後天時代には、神様御自身が真の父母の姿で万民の前に顕現されます。したがって、真の父母に侍る統一教会の立場は、世の中のいかなる力や勢力とも比較できない天の権勢として現れるのです。（天一国経典『天聖経』第十二篇 第三章 第三節13）

今後の歴史は、どのようになるのでしょうか。新郎となる主が来て、新婦に出会う新郎新婦の宗教圏時代が来るようになります。それが真の父母宗教です。それはもはや従来の宗教ではありません。宗教というものは、その時になくなるのです。真の父母に侍《はべ》ることによって救援を受けるのです。統一教会でいう侍義《じぎ》の救援時代が来るのです。したがって、真の父母の語る言葉は、自分が語るすべての言葉の根本にならなければならず、真の父母の生理的なすべての感情は、自分のすべての生理的な感情にならなければならず、真の父母の生活は、自分の家庭の伝統的な文化基盤にならなければなりません。（天一国経典『天聖経』第二篇 第二章 第四節12）

天の父母様と真の父母様に侍る

私たちは今まで、観念的に神様を呼び求めてきました。宗教的な主体としてのみ神様を呼び求めてきたのです。神様は生命の主体であると同時に生活の主体であり、生活の主体であると同時に理念の主体です。

しかし、いくらその理念の主体が広くて大きいとしても、実質的にそれは生活感情で分析され、体験されなければなりません。もし生活で体験されるその理念の価値を、存在しているどのようなものとも取り替えることができない、と誇り得る立場に立った人がいるとすれば、その人は、神様が探し求めている人に間違いありません。（天一国経典『天聖経』第一篇第一章第二節32）

朝、寝床から起きて最初の言葉を天のみ前に捧げ、家を出る時も右足で第一歩を踏み出し、天のみ前に捧げなければなりません。普段の習慣がこのようになれば、侍義生活になるのです。このような観点で、皆さんは、原則的な基準で生活態度を取っていかなければなりません。（天一国経典『天聖経』第十一篇第一章第二節2）

統一教会では、信仰の天国を語りません。侍義を語ります。侍ることによって救いを受けるというのです。知らずに侍ることができますか。統一教会の教えを理解することは、問題ではありません。教えれば誰でも、すべて分かります。皆さんは、神様がいらっしゃることを一日に何回自覚しますか。

二十四時間の中で、何回神様がいらっしゃることを感じますか。侍ることによって救いを受けようという人々が、二十四時間の中で、一、二時間程度侍れば、それでいいと思いますか。空気よりも、差し迫って必要なのが神様です。水よりも、差し迫って必要なのが

神様です。御飯より、もっと貴いのが神様です。(天一国経典『天聖経』第十一篇第一章第一節3)

信仰は神様に侍《はべ》る生活、侍りながら共に暮らす生活です。その道を行かなければ安らかではありません。すぐに体に支障をきたします。環境に支障をきたすというのです。信仰生活は、天に侍って共に暮らす生活です。朝に日が昇り、お昼になり、夕方になって日が沈むのは変わりません。千年、万年変わらないのです。その軌道が狂うことになれば、すべてのものがずれていきます。愛の心、真の愛の道を訪ねていかなければなりません。真の生命、真の血統を受け継いだ人は、神様の眷属《けんぞく》になって、いつも神様と共に暮らすというのです。自然と共に喜びながら生き、自分が行き来する生活を喜んですることが、神様と共に暮らすことなのです。(天一国経典『天聖経』第八篇第一章第一節16)

これから、皆さんは、侍る生活をしなければなりません。今までは信じることによって救いを得る信仰生活をしましたが、これからは侍ることによって救いを得る時代です。本来、人間が堕落しなかったならば、神様に侍る道を行くのです。

侍るときは、皆さんの生活と心で侍らなければなりません。皆さんがどこかに行くとき、必ず前には真のお父様が、後ろには真のお母様がいることを感じなければならず、左右と

上下には必ず天が共にあることを感じなければなりません。（天一国経典『天聖経』第十一篇 第一章 第一節 1）

皆さんは、今から、真の父母と一緒に暮らさなければなりません。神様は祖父母の立場であり、真の父母は父母の立場であり、自分たちは子女の立場だというのです。三代が共に暮らさなければならないという結論が出てくるのです。

神様が「私」と共にあり、真の父母が私と共にあることを感じて暮らさなければなりません。（天一国経典『天聖経』第十一篇 第一章 第三節 1）

真の父母に侍る生活を実際にしなければなりません。真の父母様は唯一であり、皆さんは大勢いるので、皆さんのすべての家に行って、侍りなさいとは言えないでしょう？ しかし、皆さんは日常生活において、朝起きればまず、父母様に「ありがとうございます」と敬拝して（一日を）始めるのです。

朝御飯を食べるときは、最初のさじを持ちながら、「父母様、先にお召し上がりください」と言い、夜、日課を終えて床《とこ》に就く前には、「父母様、明日のために今晩は休み、また新たに出発します。父母様もゆっくりお休みください」と言うのです。このような生活が、侍《はべ》る生活です。

そのように二十四時間、皆さんの頭から、胸から、真の父母様が離れてはなりません。そのようにしてこそ、皆さんが子女であると言えるのです。そうでしょう。真の子女の立場に進み出ることのできる、そのような心の姿勢が、実質的に行動として表れなければなりません。（真のお母様、二〇一四・一二・二〇）

家庭において互いに侍る

神様の愛、真の父母の愛、未来における自分の相対の愛、三大愛をしっかりと保たなければなりません。これを一人で勝手に扱えますか。これを打って被害を与えるのは、神様に被害を与えることであり、父母に被害を与えることであり、「私」の未来の愛の相対を破滅させることなのです。そのような愛をもって相対と向き合わなければなりません。それが神様の子女がもつべき愛を中心とした教本、公式の教えです。

兄弟を憎むのは神様を憎むことであり、父母を憎むことであり、将来の自分の相対圏を破滅させて否定することなのです。愛を取り去ってしまうのです。ですから、そのような人は、神様だけでなく、父母や万物全体が嫌います。神様から真の父母、被造世界全体の怨讐《おんしゅう》の位置に立つようになります。アダムとエバが愛の相対となり得るように、神様は教育できなかったというのです。

神様の恨《ハン》を解ける天の子女の教えの原則は、このような基準なので、兄弟が仲良くしなければなりません。父母を中心として、神様のみ前に、万物の前に、そのように過ごさなければなりません。（天一国経典『天聖経』第十二篇 第二章 第三節23）

夫婦が愛するということは、神様を植えることです。本来、父母は本然の神様の立場を代表し、ここで夫と妻は、互いにもう一方の神様になります。そして、息子、娘は、また一つの小さな神様です。神様は真の愛の本体なので、真の愛と連結されれば皆が同じ体になります。

父母は、神様に代わる生きた神様であり、夫婦も神様の代わりであり、子女も神様の代わりです。このように、三代が真の愛を中心として神様の代わりの立場になるのです。それで父母、夫婦、そして子女も真の愛を必要とするのです。

このように真の愛を中心に形成された家庭組織が、天国の基盤です。そのような基盤を形成しなければ、天国ができません。これが公式です。家庭とは、すべての現実世界の中心です。（天一国経典『天聖経』第四篇 第四章 第四節15）

皆さんは、神様の愛と真の父母の愛と完全に一つにならなければなりません。その基準において心と体が真の愛で一つになり、父母が一つにならなければなりません。夫婦が真の父母と一つになり、神様と一つにならなければならないのです。それでこそ三代圏が生じるのです。

心情的な三代の真の愛とは、神様の愛、真の父母の愛、その次には、真の夫婦の愛です。そのようになってこそ、人間世界に初めて着陸するようになります。そのような立場を経ていかなければなりません。

ですから、その場は自分の心と体が一つになり、夫婦が完全に愛し合って、完全な神様の愛と、真の父母の愛と一つにならなければならないのです。(天一国経典『天聖経』第八篇第三章 第五節 5)

真の愛とは

真の愛の人生は、一言で言うと、ために生きる人生です。人が自分のために与えてくれることを願う前に、まず人のために与える生き方です。そして、人のために与えたことを忘れてしまう生き方です。

与えてあげたといって何かを期待する生き方ではありません。与えても、もっと多く与えることができずに心を痛める生き方です。ために生きるにおいても、頭を下げて与える生き方です。

それが父母の愛であり、主人の愛です。人類の真の父母である神様がそうなのです。（天一国経典『天聖経』第四篇 第三章 第三節 1）

真の愛とは何でしょうか。父母の愛、夫婦の愛、子女の愛です。愛は、互いに犠牲となる伝統が備わっていなければ、長く続くことなく壊れてしまうものです。

父母は子女のために犠牲となるので、父母が子女を愛する関係は壊れません。そして、真の父母の愛を受けて育った息子、娘であるならば、絶対に自分の父母に親不孝をすることはできません。

また、夫は妻に、妻は夫に対して「あなたは私のために生きた」という立場で、お互いに一層ために生き、一層犠牲となる立場が広がれば、その家庭には恵みが訪れるのです。

そのような家庭が、神様の訪ねてこられる福地です。（天一国経典『天聖経』第五篇 第四章 第六節 33）

絶対的神様の真の愛の本質は、受けようという愛ではなく、人のために、全体のために先に与え、ために生きようとする愛です。与えても、与えたということすら記憶せず、絶えず与える愛です。喜んで与える愛です。

母親が赤ちゃんを胸に抱いてお乳を飲ませる、そこに喜びと愛の心情があり、子女が父母に孝行して喜びを感じる、そのような犠牲的な愛です。

神様の人類創造は、何の見返りも期待せず、条件も付けずに与える、絶対、唯一、不変、永遠の愛による創造であったというのです。（天一国経典『天聖経』第十三篇 第一章 第三節 17）

真の愛の共鳴圏に入れば、天地がはっきりと見えるのです。釈迦牟尼《しゃかむに》が、「天上天下唯我独尊《てんじょうてんげゆいがどくそん》」と言ったのも、その共鳴圏の核心に入ってみたところ、天下がすべて「私」の手の内に入ってきていて、神様が私の中にいらっしゃって、天理が私に連結されているので、そのような言葉を語ることができたのです。

真の愛の共鳴圏に入っていけば、信仰は必要ありません。神様と一緒に暮らすので、救世主が必要ないのです。解放です。すべて終わるのです。（天一国経典『天聖経』第十二篇 第三章 第二節 8）

ために生きる

統一教会の中心思想は、「ために生きる」というものです。そのようにすると、「私」が中心になるのです。互いにために生きる過程がなければ、家庭の平和がなく、家庭の平和を形成できなければ、民族平和、国家平和、世界平和はありません。

ですから、全世界の愛の圏を中心として生きなさいというのです。これは、人類平和の絶対的な要因になるのです。（天一国経典『天聖経』第十篇 第二章 第四節 1）

恒久的な平和世界を建設するために、私たち各自が単純でありながら基礎的な原則を適用しなければなりません。この原則は、神様の本質、神様の本性の核心、すなわち「ために生きる生活」の原則です。

このような原則を日常生活や家庭、社会、職場、礼拝、政府、事業に適用するとき、社会や国家、世界を変化させる過程が始まるのです。（真のお母様、二〇一五・三・一）

ために存在するということの原則に立脚して、私たちの一生について見るとき、最も価値ある人生観は、自分が全人類のためにあり、全世界のためにあり、国家のためにあり、社会のためにあり、家庭のためにあり、夫のためにあり、妻のためにあり、子女のためにあるという人生観なのです。（天一国経典『平和経』第一篇３）

神様の立場と父母の立場は、まず先に考えてあげる立場です。神様は、「私」よりも先に考えてくださるのです。父母も私より先に考えてくださるのです。だから良いというのです。それで主体なのです。

二人で暮らすというとき、「あの食口《シック》がすべきことを、私がしてあげなければならない」と言うべきです。神様がそのような方です。そのような人が中心です。ために尽くしてあげる人が中心になるのです。（天一国経典『天聖経』第十一篇 第四章 第一節14）

他のために犠牲になれば、すべてを失うかのように思えますが、それは全く反対です。むしろ愛の主体となり、すべての主人となるだけではなく、さらに高い次元に飛躍するようになるのです。

級友たちのために犠牲になり、奉仕する人は、そのクラスの委員長になるのであり、村のために犠牲になる人は、その村の指導者になるのです。ひいては国のために犠牲になり、奉仕する人は、その国の主人になるのです。

愛というのは、より大きなもののために犠牲になればなるほど、その愛の等級が高まっていくのが原理です。より大きなもののために犠牲になれば、それに吸収されていくのではなく、その大きなものの中心の場に立って新しい次元を迎えるようになるのです。（真のお母様、天一国経典『平和経』第六篇４）

愛は一人では成立しません。愛は「私」から出てくるのではなく、相対を通して出てきます。相対から出てくるので、私が頭を低くして相対のために尽くさなければならないのです。「ために生きなさい」という天理が、ここから生まれるのです。

極めて高貴なものが私に訪ねてくるのですが、それを受けようとすれば、相対を高めて、ために尽くさなければならないという、「ために生きる哲学」を実践しなければなりません。

（天一国経典『平和経』第四篇14）


高くなろうとばかりするのではなく、互いにために生き、育て合い、誇り合うようになれば、全体が大きくなれるのです。自分だけが優れていると考え、自分が最高であると考えて、自分の考え以外にはないと思う団体や個人は、発展しません。

自己中心的に進めば衰退していき、ために生きる生活を実践すれば発展するようになります。絶対に、自分によって苦しむ人がいてはいけません。私たちは、生命を生かす人々です。兄弟と食口《シック》とすべての人々を、愛で抱かなければなりません。(真のお母様、二〇一三・九・二三)

心身統一

私たちが神様に侍《はべ》り、天一国《てんいちこく》を完成するに当たって、最初に始めなければならないことは、自分自身を省みることです。天一国は、二人が一つになってつくるものであると、真のお父様は語られました。ですから、心と体が一〇〇パーセント統一された立場で生活するのが、信仰生活において最も重要な目標にならなければなりません。

どのようにして、そのような立場で生活できますか。私はこのように話しました。「皆さんは、誰かの善《よ》し悪《あ》しを批判する前に、まず純粋な心で天の前に『ありがとうございます』という言葉から口にしなさい」。

個人において、家庭において、教会において、氏族において、国において統一された立場に立てば、神様を中心とした一つの世界が自動的に成し遂げられるのです。そのような心構えをもって生きれば、成し遂げようとするすべてのことにおいて、天が共にいらっしゃり、祝福が与えられるでしょう。（真のお母様、天一国経典『天聖経』第十二篇 第四章 第三節 25）

心と体を統一させるにも、愛がなければできません。父母が子女を愛するときは、自分のおなかをすかせることも、苦労することも、ぼろの服を着ることも自ら行い、あるいは願わない所も自ら行きます。このような愛の道には、心も体も統一的な方向を備えていくので、この道だけが統一の要因であり、統一の方案です。

これを自分の生活路程の基準とし、生涯の標準として定めていけば、皆さんは滅びません。それは先生が保証します。（天一国経典『天聖経』第八篇 第二章 第六節 2）

問題は自分自身にあるのであって、社会にあるのではありません。私たちの家に問題があれば、兄が悪く、姉が悪く、父が悪いのではなく、自分が悪いからです。自らを正しく立ててから、人を批判する第二、第三の基準を立てなさいというのです。

自分が一つになってこそ、堂々と一つになった世界で暮らせるのであって、自分が一つになることができなかったのに、全体が一つになったところにどうやって加わりますか。自動的に後退するようになります。

ですから、心を踏みにじり、心を無視し、心を疲れさせて、気をもませる体が主人になってはいけません。体を主管して、心のようにために生きられるようにする「私」になったときには幸福が訪れます。ここに神様が臨在するというのです。

それで「家和万事成《いえわしてばんじなる》」といいました。私の家、私の個人が安らかになるには、心と体が一つにならなければならないのです。（天一国経典『天聖経』第五篇 第三章 第一節21）

皆さんは、個人の心と体を一つにしなければなりません。その次には、夫婦の統一です。愛を中心として互いにために生きるときに、統一が可能なのです。心は今まで一生の間、皆さんの体のために生きました。しかし、この体は心のために生きませんでした。心が体のために生きるのと同様に、体が心のために生きる立場に立って、一つにならなければなりません。

何を中心として一つになるのでしょうか。真の愛、ために生きる愛をもって一つになるのです。そのような「私」になってお互いのために生きる真の愛を中心として、夫と妻が一つにならなければなりません。そうしてこそ、枝がどんどん伸びていきます。それでこそ、大きくなるのです。

それが自分で分かります。それでこそ、心が喜びます。何を見てもうれしく、仕事をし

ても苦しいと思わず、寝なくても疲れないというのです。（天一国経典『天聖経』第八篇 第二章 第二節 22）

統一の内容は簡単です。自分の心と体が一つになればできるのです。そのように一つになったものが家庭と一つになれば、平和な家庭になるのです。

そのように一つになった家庭が社会と一つになるとき、その家庭は社会において、誰にも恥ずかしくない幸福な家庭になるでしょう。そのように一つになった社会が国と一つになるとき、それは国において、誰も否定できず、尊敬せざるを得ない統一圏が展開するでしょう。さらには、世界人類と間違いなく一つになったというとき、そのような人たちを通して地上に天国が成し遂げられるのです。（天一国経典『天聖経』第十篇 第二章 第一節 11）

良心

神様が暮らすところとはどこでしょうか。神様は、最も価値のある愛に定着されます。男性と女性の二人がいれば、神様はどこにいらっしゃるのでしょうか。

神様は、一体化して変わらない、統一された愛の最も根底に、垂直にいらっしゃいます。

男性と女性が一つになれば、そこが中心点になるのです。神秘的な祈りの境地、霊的体験圏に入って、「神様！」と呼べば、内から、「なぜ呼ぶのか。ここにいる、ここだ！」と答えられるでしょう。「ここ」というのは、自分の心の中です。心身一体化した愛の中心点、垂直の場です。

それでは、個人から家庭、氏族、民族、国家、世界、天宙の中心はどこでしょうか。いくら小さくても、その中心は良心です。宇宙の愛の軸がとどまるところ、支える先端の地は、自分の良心です。心身一体化した、その良心です。（天一国経典『天聖経』第一篇 第一章 第一節21）

良心は神様に優《まさ》ります。良心は「私」がいる前からありました。神様に優り、父母に優り、王に優るのです。そのような貴いものが心です。悪いことをしようとするとき、「早くしなさい！」という心の声はありません。皆さんが悪いことをしようとすれば、心が「おい、こいつ。やめなさい！」と言うのです。

良心の言葉を絶対に聞かなければなりません。そうしてこのように育んでいければ、良心と私が言葉を交わすのです。（天一国経典『天聖経』第四篇 第一章 第二節21）

良心は第二の神様です。第一の神様はプラスであり、心はマイナスで、第二の神様です。そのような概念をもたなければなりません。

心が第二の神様です。第二の神様は常に「私」と共にいます。良心の深い所で、愛と生命と血統の深い所で、私と関係を結んでいるのです。すべてのものを整理して収拾し、取り除いて、私をしきりに高い場所に導くのです。

ですから、本然の良心は絶えず上がっていくのです。その力が肉身を主管するのです。これがプラスとマイナスとして一つになって自動的に統一され、完成します。

私の良心は第二の神様であり、この強い力がいつでも一つの中心として、すべて主管するのです。（天一国経典『天聖経』第四篇 第一章 第二節17）

正午定着

皆さんは影のある生活をしてはいけません。それで正午定着を宣布しました。それは素晴らしい言葉です。影がありません。体と心が一つになり、家庭の四位《よんい》基台が一つにならなければなりません。

父が誤れば父の影が生じ、母が誤れば母の影が生じ、四人家族で四人が定着できなければ、光の混乱が起こるのです。影がある所は、みな嫌がります。ですから、正午定着をしなければなりません。

あの世に行っても影があってはならないのです。影がない所で個人から家庭、氏族、民族、国家、世界、天宙、神様まで、八段階の垂直線を往来する方が神様です。神様の愛に影が生じるかというのです。純潔そのものです。ですから、誰もがその純潔な血を願うのです。

誰もが影を嫌がるのです。影はサタンです。ですから、何であっても、誤れば隠そうとするのです。それが怨讐《おんしゅう》です。国境線がそうです。国境撤廃は正午定着を意味します。これは象徴的な話ではありません。必ずこのようにしなければならないのです。（天一国経典『天聖経』第四篇 第三章 第三節 28）

正午定着の人生は、影をつくらない人生だと言いました。私たち全員が発光体になって光を与える人生を生きれば、影が生じる隙間がありません。

受ける人は、借りをつくる人です。皆様は、その借りを返すために、これから、かわいそうな貧しい人の涙を拭ってあげ、暗い所を明るくしてあげる永遠の真の愛の発光体となる人生を生きるように願います。（天一国経典『天聖経』第十三篇 第四章 第二節 14）

皆様は毎日、瞬間ごとに皆様の生を点検しながら生きなければなりません。皆様は学生時代、試験問題を前にして、その答えが「○」なのか「×」なのか分からず、慌てた経験があるでしょう。

皆様の一生も同じです。推し量ることができないほど変化無双に展開される日常生活の中で、瞬間ごとに、皆様自ら御自身の生を「○」と「×」の概念で分析し、点検して、採点する生活をしなければならないという意味です。その形や性格から見て、「○」は「×」を包容し、消化することができます。しかし、「×」は「○」を包容することができません。皆様の答えが「○」の時は、皆様の生は肯定的で、希望的であり、縦的に天に軸を立て、影のない「正午定着」的な生を送っている時です。ために生きる真の愛の精神で、怨讐まで赦《ゆる》して包容する、深く広い生です。（天一国経典『平和経』第十篇6）

感謝

私たちは常に感謝しなければなりません。まず神様に感謝し、その次に、夫に感謝し、妻に感謝し、隣人たちに感謝しなければなりません。感謝すればするほど、より深い愛が連なって流れ込んできます。たくさん感謝をすればするほど、その感謝に比例して、神様の愛の量がさらに増えるでしょう。

ですから、私が死ぬときには、感謝の言葉を世の中に残し、愛だけをもって父のみ元に帰ります。愛の中で永遠に生きるのです。そのときには、どれほど神様をあがめ、感謝しながら生きるだろうかというのです。それが夢です。

私たちは、愛の祝福の場に行くために、感謝する生活をしなければなりません。不幸にぶつかれば、神様もそれを御存じです。世界で最も不幸な状況にぶつかったとすれば、神様がそれを記憶せざるを得ません。

その場で感謝することによって消化するようになれば、神様が「信じられる人だ」と言われるのです。それを越えていけば、世界にまたとない福を受けます。このような原則があるというのです。（一九七七・五・二九）

私の生涯の座右の銘は、いかにしてきのうよりきょう、さらに感謝の気持ちをもって生きていくかということです。きのうよりきょう、さらに感謝し、あすはきょうよりもっと感謝しながら生きるために努力してきました。日ごと、感謝の気持ちをもつことが、私の人生の目標でした。

お父様はダンベリーに出発される直前に、「不平を言ってはいけない。立てられた立場で感謝し、感謝することによって完全に一つとなったとき、大きな奇跡が起きる」と語られました。（真のお母様、一九八四・七・三二）

皆さんは心を無にしなければならず、悔い改めなければなりません。高い位置にいる人は心から低い位置に降りていき、毎日の生活において天に感謝し、自分自身についても、「このように新しい出発をすることができて感謝だ」と言わなければなりません。「きょう一日も、これまでできなかったみ旨のための活動に、最善を尽くすことのできる一日となるように導いてください」と言いながら、感謝の気持ちをもって生きるようになれば、周囲がすべて美しく見えます。そして、幸福になります。

自分だけで大事にしまっておくことができないので、伝道をせざるを得なくなるのです。（真のお母様、二〇一二・一〇・二七）

伝統

これから、家庭を中心として、新しい忠臣、聖人、聖子《せいし》の道理を果たして生きた人々の歴史を、伝統として新たに立てなければなりません。

今までの蕩減《とうげん》時代の伝統ではなく、理想世界の新しい伝統を立てなければなりません。その伝統が、皆さんが天の国に永遠に暮らすことのできる伝統になるのです。真の孝子、孝女の道、真の忠臣、烈女の道を立て、聖人、聖子《せいし》の家庭の道理をここで準備していかなければなりません。（天一国経典『天聖経』第四篇 第三章 第三節30）

私たちは、超民族的、超国家的な新しい伝統を立てていかなければなりません。その伝統を私たちの思いのままにするのではなく、神様が願うとおりに、伝統の相対的基盤を築いていかなければなりません。

皆さんの習慣性や過去の風習、現在盛んになっている流行に歩調を合わせるのではありません。完全に違うというのです。（天一国経典『天聖経』第十一篇 第四章 第三節14）

純潔血統、人権平準化、そして国家財産保護の先頭に立ち、その次に親子間、夫婦間、子女間で手本になろうというのです。

町中がすべて、「あの人に従っていかなければならない」と言い、「あの人のような人になりたい、一緒に暮らしたい」と言うようになれば、その人は間違いなく天国の民となり、天国に記憶される人になります。（天一国経典『平和経』第一篇 9）

統一教会は、安息日《にち》の代わりに侍義《じぎ》、侍《はべ》ることによって救いを得る時代に入っていきます。侍るときは、ただ侍るのではありません。永遠に安着すべき神様が臨在して、家庭に入ってきて安着した場で侍ることによって、神様と一緒に生活できる、解放圏ではなく釈放圏が成し遂げられるのです。

今まで、一週間を中心として聖日としてきましたが、十数圏内で最も重要な日が八日です。八日は、再出発の日です。八日が最も重要な日なので、安着侍義の日です。「安侍日《アンシイル》」が定着し、神様に侍ることによって、初めて救いを得るのです。（天一国経典『天聖経』第十二篇第三章 第三節12）

すべての家庭で真の父母様の写真を掲げ、四位《よんい》基台が一緒に敬拝しなければなりません。三代が敬拝しなければなりません。四位基台は三代です。祖父、祖母、母、父、子女たちまで、三代が敬拝しなければなりません。

真の父母の名前と共に四位基台圏を成し遂げて敬拝する所は、堕落圏ではありません。神様が直接主管するので、解放圏が広がることにより、天上世界に行ったすべての霊人が地上に来て、天使長と共にアダム家庭を保護するように、保護できる時代に入ったという

のです。（天一国経典『天聖経』第十一篇第二章第一節27）

父母が子女の手を握って座り、一緒に祈るのは、どれほど美しいでしょうか。私たちの家庭で朝に敬拝をするのは、真の父母に出会う時間、神様に出会う時間だという伝統を立てていかなければなりません。真の父母に会いに、神様に会いにいこうというのです。（天一国経典『天聖経』第十一篇第二章第一節25）

聖日の敬礼式をするのですが、誰に敬拝するのでしょうか。先生にするのであり、自分の家庭にするのです。天の父母と真の父母を王として、侍《はべ》るためのものです。王権を相続するためのものです。いくら忙しいとしても、それ以上に貴いものがどこにありますか。子女は父母に敬拝し、その父母は互いに敬拝するのです。孝の道を教えてあげる父母にならなければなりません。ですから、手本になれる人生を生きる運動なのです。（天一国経典『天聖経』第十一篇第二章第一節28）

子女たちも聖日の敬礼式に参加し、その時間を慕わしく思えるように、父母が手本を見せてあげなければなりません。父母がその時間を喜んで待つとき、父母が喜ぶ姿を見て、「私たちもあのように、母と父が歩む道を学ばなければならない」と言えなければなりません。そのようなものを残してあげるべきです。

また、訓読会の集まりをもつことを、見せてあげなければなりません。訓読会のみ言《ことば》は、どこにでもあるのではありません。統一教会にだけあり、先生から始まったのです。

先生のみ言を訓読する場に行くことを喜び、御飯を食べる時間も後回しにし、お客さんが来ようと、どのような人が来ようと、すべて振り払っていける伝統を立てなければなりません。それでこそ、自分の家庭がまっすぐに行くのです。息子、娘に伝統を立ててあげなければなりません。（天一国経典『天聖経』第十一篇 第二章 第三節 4）

皆さんが地上で行っている訓読会は、絶対に必要です。ここに合わせて着地をしなければなりません。霊界は、既にそれを行っています。霊界は、一週間以内ですべてのものが定着できるというのです。ですから、地上ですべきことが、どれほど急がれているか分かりません。訓読会を通して、家庭が定着できる時代に入ってきました。それで、訓読会が重要だというのです。

これは、霊界にいる自分の先祖を解放し、今後の自分の子孫を解放するためのプログラムです。過去、現在、未来は一つだというのです。また、これから皆さんの父母が祖父母の立場に立てば、皆さんと皆さんの二世たちを中心として、三代になります。三代を中心として、地上に橋を架けて越えていくのです。（一九九八・三・一五）

一つの家族の三代が新しい一日を始めるときに、まず天のみ言《ことば》を訓読し、新しい心で訓読の人生を実践する伝統を立てなさいというのです。霊界と肉界が同時に真の父母様に侍《はべ》り、同じ天道のみ言を毎日訓読する世の中をつくろうということです。

このようになれば、いくらサタンが皆様の血統に乗じて蠢動《しゅんどう》するとしても、訓読会の伝統の前では立つ場がなくなるのです。正午定着的基準で影のない人生を生きていく、そのような家庭に神様の祝福を下さらないとすれば、誰に下さるというのでしょうか。

このような天の家庭がこの地に満ちるとき、この地球星は自動的に、「神様のもとの一つの家族」のみ旨が完成した地上天国と天上天国になるでしょう。（天一国経典『天聖経』第十三篇 第四章 第二節12）

家庭盟誓《カヂョンメンセ》

「世界基督《キリスト》教統一神霊協会」の創立四十年を越えるとともに、「世界平和統一家庭連合」

に変更し、それを完成するための絶対的規約、憲法のような「家庭盟誓」を制定しました。「家庭盟誓」という言葉は、歴史にありません。天国に向かい、天国を完成する「家庭盟誓」です。これを見れば、蕩減《とうげん》復帰の内容を中心として、完全に解放される内容になっています。ですから、これを唱える人は、堕落世界の家庭圏内ではなく、完成した家庭圏内に入ります。真の愛を中心とした家庭圏が形成されるので、偽りの愛で分立された心身の統一が起きるのです。（一九九四・一一・三）

「家庭盟誓」が出てきたという事実が、どれほど有り難いことか分かりません。誰の前に誓うのですか。創造主である神様、天の父母のみ前に誓うのです。また、嘆息の場で恨《ハン》を抱いていた地上の父母を解怨成就し、縦的な神様と横的な真の父母様のみ前に誓うのです。その次に、万民のすべての家庭に向かって「手本にしなさい」と言って唱えるのが「家庭盟誓」です。体と心を一つにして唱えなければなりません。

夫婦が一つになって「家庭盟誓」を唱えなければなりません。息子、娘が一つになって、唱えなければなりません。一つになっていなければ、悔い改めて祈らなければならないのです。（一九九八・一一・二一）

「家庭盟誓《カヂョンメンセ》」が教えてくれる教訓は、天宙主義です。個人主義ではありません。現実の様々な困難を避けていては、生きていけないのです。現実を果敢に撃破して、勝利を勝ち取らなければなりません。その武器が正に「家庭盟誓」の伝統で武装された皆さんの家庭です。皆さん一代だけを中心とした家庭ではありません。少なくとも三代圏を形成し、確固不動たる天の伝統を立てなければなりません。子々孫々、選民の真の血統が流れる家門を定着させなければならない使命があるという意味です。（天一国経典『天聖経』第十二篇 第三章 第五節11）

天一国《てんいちこく》の民は、天地を身代わりした民です。そのため、天でも地でも、どこであっても、この地球星全体のために生きなければなりません。北極に何か問題があれば、北極に対して全体が関心をもって解決しなければならず、南極であれば南極、東洋であれば東洋、西洋であれば西洋、全体が「私」の責任だと思わなければなりません。

「天一国主人」というとき、責任者と主人は違います。責任者はその時々によって離れていけますが、主人は永遠なのです。この地の家庭を中心として主人になるためには、一人ではなく、夫婦で主人にならなければなりません。夫婦だけではありません。四位《よんい》基台を完成し、三代が主人にならなければなりません。三代が主人になれなければならないのです。

祖父、祖母、父、母、その次に自分たち夫婦、そしてその息子、娘まで、代数としては三代ですが、段階としては四段階になります。それが天一国主人です。（天一国経典『天聖経』第十二篇 第三章 第五節14）

前進的な発展というのは、絶対に止まってはいけないということです。いつでも前進しなければなりません。発展しなければなりません。前進的発展、これは東西、四方に発展しなければなりません。

いたずらに「家庭盟誓」を宣布したのではありません。ですから、体と心が一つにならず、夫婦が闘っていれば、「家庭盟誓」を唱えられないのです。息子、娘を中心として一つになれなければ、唱えられないというのです。

家庭がどれほど貴重かを知らなければなりません。それで、「家庭盟誓」をもったことを霊界が注視するのです。霊界に行ったすべての先祖が羨むというのです。（天一国経典『天聖経』第十二篇 第三章 第五節70）

皆さんが唱える「家庭盟誓」は、皆さんのための誓いの文章です。皆さんは、先祖を代表し、現在の氏族を代表し、未来の子孫を代表するのです。皆さんが先祖の位置に立ったので、伝統を正しく立てなければ、皆さんの子孫たちの前でも堂々と立てません。「家庭《カヂョン》盟誓《メンセ》」が中心です。

神様の創造理想は、家庭です。「神様のもとの一つの家庭」です。あらゆることが、これを根として越えていかなければなりません。引っ掛かっては駄目だというのです。ですから、絶対「性」の上で「家庭盟誓」を唱えなければなりません。

総意に対する結論が「家庭盟誓」にかかっているので、「家庭盟誓」を唱えるときは、先祖と氏族、子孫と共に唱えるのです。絶対「性」の上で「家庭盟誓」を唱えなければならないというのです。（二〇〇八・一一・一三）

「家庭盟誓」は、真の愛を骨とし、真の家庭を心臓として立て、皆様の人生を神様と連結させてくれる橋です。神様を占領する「真の愛の核爆弾」です。

「家庭盟誓」は、縦と横、南と北、前と後ろを連結する中心に真の愛を迎え、永遠の球形運動を出発させるエネルギーであり、知恵です。

「家庭盟誓」は、天国の門を開く鍵です。天国の門は、金や銀で作った鍵で開ける門ではなく、真の愛で完成した真の家庭の鍵で初めて開かれる門です。（天一国経典『平和経』第二篇15）

第三章　生活伝道

氏族、友人・知人伝道

今、新しい家庭と氏族の基盤を立てたので、皆さんの時代には氏族復帰という歴史的に驚くべき恵沢圏内に入ってきたのです。そうして皆さんには、お父さん、お母さんを伝道でき、お兄さん、お姉さんを前にして伝道できる時が到来したのです。

復帰歴史は家庭を探し出すためのものですが、他の家庭を復帰するよりも、自分の血縁を通して復帰すれば、どれほど早いでしょうか。皆さんが父母や兄弟たちを伝道しなさいという話を聞くことができるのは、先生一代においては夢のような話です。（一九七三・七・一）

皆さんの家庭には、氏族を復帰しなければならない、とてつもない使命が与えられているということを知らなければなりません。氏族を復帰するためには、皆さんが昔、愛した人々や友達に手紙を出した以上に手紙を出さなければなりません。倍以上の精誠を尽くさなければなりません。

女性たちも自分のお母さん、お父さんを恋しがるそれ以上の恋しい気持ちをもって、自分の親族に精誠を尽くさなければなりません。それでこそ、復帰されるというのです。彼らに対して愛の心情を再誘発させなければ、復帰がなされないのです。そうか、そうでないか、霊界に行けばよく分かります。（一九七〇・六・四）

君たちは家族に対して、君たち自身がいくら伝道しても、サタンのほうから讒訴《ざんそ》されない段階を迎えました。これは先生がサタンに対して果たし得た勝利の結果です。だから今からは、君たちは自分の父母と親戚に対して、これを救わなければならない。そういう時代である。だから、親を伝道する。自分の兄弟を伝道する。それで一つになって神に奉仕する。家族全体がそうなる。親族同士でそういう地域をつくる。氏族がそういう氏族になる。そして国に奉仕する。一体化して奉仕する段階になれば、この氏族は全民族を動かす氏族になるでしょう。

そういう圏内に入りましたから、君たちは、「お父さん、お母さん、私の話を聞け!」、それではいけない。数多くの先祖たちは、善を持ってきて悪のために犠牲にする。しかし、神を愛し、いくらそれを呑《の》み込んでも、吐き出さなければならない。

君たちが親にも善なる言葉を伝え、真の親孝行をする立場に立ち、善なる立場に立って、命を懸けて親に話しかけてあげる。そうして殴られても、殴った親は、それを考えてみるとき、骨が震えているよ。遠からずしてその子供に、「わしが間違っておった」となる。（一九六五・一〇・九）

君たちの家族を復帰するには、楽をして、良い物を食べて、という生活ではいけない。「聞くところによると、悪いと思っていたんだけど、行っている子供たちの顔をじーっと見れば、何か変わっておるな。昔は親が何か言うと、ぶすっとする。目がまっすぐになって、どこの子か分からない。身震いしたんだけど」と言われるようにする。ちょっと変わってくるんだね。ちょっとばかりじゃない。百も変わってくる。そして、一八〇度回る。そうしたら、親は自分を信ずる。そういうふうにして、家族を救わなければいけない。（一九六五・一〇・九）

君たちは悪に対してはたまり切れない。公憤がある。公的に怒る。塀の外側に押し出して、これを救って、それでみな、共同作戦で引っ張ってくる。断固たる信念を持って、君たちの家族を救わなければならない。それが残った使命だと思いまして……。

これだけの人数だったら、この背後の家族が十人、百人、いくらでもつながっている。

伝道できないということはない。我々は責任感と行動による生活において関係を結び、生活圏内において行動して、結果として証明し得る。

それが親孝行であり、兄弟の愛であり、なければならない存在になれば、それを中心として、その家庭は動かざるを得ない。（一九六五・一〇・九）

君たち、今まで伝道するといっても、漠然と伝道しただけで、責任を持った伝道をしなかった。伝道するにはまず祈れ！　今まで我々は、自分の本当に愛する父母を伝道する機会がなかった。しかし、今の時は天のほうから、伝道するには自分の血統関係、親戚関係の人を伝道せよというんだね。

それから一番信仰的な友達、そうでなければ、同級生の中で生涯の友達、あの人は命に代えてでも救ってあげなければならないという、そういう友達を十二人ずつ選べ。選んで百二十日間、四カ月間、彼らのために祈れ！

一時間伝道するんだったら、一時間の三倍祈って訪問し、伝道せよ。十二人の名前を書いて、祈りながら毎日訪問して伝道するんだ。そうすると、相当の影響があると思うんだね。

（一九六七・六・一九）

あらゆる環境が伝道の場

神様は喜ぶ人を喜ぶし、万物を喜ぶ人を喜ぶので、その人は必ず良い方向に向かっていきます。それが原理の観点です。今まであなた方はそれをやってきましたか。今からでも始めましょう。

朝起きて笑う。花が咲き、香りを吹きかけるようにしながら。家庭でもお父さん、お母さんであれば、子供たちにとって、それは教育に一番いいことです。仕事で人に会う時もそうです。いい印象を与えるのです。

伝道しているのに渋い顔をしていてはできませんよ。何か内心から素晴らしいことがあふれるような円満な顔をして、今に希望をもって、未来に希望をもって伝道するのです。それはみんなにするのです。三角や四角の顔の人でも、それはそれなりの美があるのですよ。分かりましたね。

自分の中に逆らうものがあれば、それはサタンの好む要素だ。サタンの餌よ、さようなら、そういう生活をしましょう。分かりましたね。（一九七六・一〇・五）

親しくなる方法として、「おーい、君、来い。聞け」、そうはいかない。その人の所に入っていく。もしも職場で働けば、一つぐらい助けてやる。家に訪ねていった場合には、掃除でもしてあげる。

親しくなる方法はそこなんだよ。彼が一番要求していることは何か。それをかなえてあげるんだね。人間はそうでしょう。一番うれしい時と一番辛《つら》い時に、必要な人を求めるんだよ。一番うれしい時に必要な人は、自分の愛する人。一番辛い時に必要な人は、自分のために犠牲になれる人である。自分の友になれる人である。助けになれる人である。

我々は一番うれしい時の相手には、まずなっていない。目的は、一番うれしい時の相手になることなんだけど、その反対の一番辛い時に、誰もが彼を嫌がる、そういう場面に立った場合に、彼自身が自分の所に来て、あらゆることを相談し得るような立場に立つんだね。だから、辛い時にその人の相対になる。そうなれば自然と……。そういう過程を通過して、彼の生活圏がそういう関係を持った基準によって、幾分効果があったという基準が立った場合には、それに比例して、うれしい環境が自然とつくられる。それは自然現象なんだ。そういうふうにして近づくんだね。

だからそういうふうに近づくには、何よりも何よりも、生活関係におきまして、彼が必要とする条件を自分が犠牲精神でもって奉仕して、満たしてやる。それにはいろいろな方法がある。（一九六七・六・二三）

伝道するとき、どのようにして愛の話をすればいいのでしょうか。「伝道、伝道」と言わなくても、愛の心をもって暮らせばいいのです。愛をもって暮らしてみなさい。

町内で会う人は、自然に来るようになるのです。低気圧が来れば、高気圧に「来るな」と言っても、来るようになるのです。愛することは、低気圧をつくることです。ですから、高気圧圏がすべて集まるようになっているのです。

先生のような人は、どこかアフリカの奥地のような所に行っても、死にません。既に自然と対し方が違い、暮らす生活方法が違うのです。そこは、低気圧圏になるので高気圧圏が飛んでくるのです。自然に補ってあげなければならないのです。

伝道しなくてもいいのです。そのように暮らすのです。伝道することはないのです。そのようにすれば、神様が訪ねてくれるのです。そこに香気が漂うのです。花が咲く時、「蝶《ちょう》よ、来い！」と言われて来ますか。香りがするので、においをかいで来るのです。においをかいで来るというのです。

「異端、統一教会、悪い、悪い」と言ってすべて北側に鼻を向けるのですが、統一教会のほう、南側に向かってみると、においをかいでくるのです。続いてくるようになっているのです。

（一九八六・四・二五）

本を持って壇上で教えることだけが教育ではなく、一つの言葉、一つの行動がすべて教育です。女性たちの服装についてもそうです。服装を見れば、その人がどのような人かが分かります。体は心の反映なので、服装はその人の人格を反映するのです。

そのような問題において、私たちの日常生活のすべてが教育の生活圏を形成することによって、その生活圏自体がすべての人に刺激的な影響を与えるのです。教育強化の実効性を私たちの生活を通して連結させていけば、そこから社会が発展していくというのです。世界の新しい希望がその場から広がるのです。（天一国経典『天聖経』第五篇 第四章 第一節 7）

先生は、監獄でも、九五パーセントを他の人のために生きようとしました。それで朝早く起きては掃除をし、汚い所をきれいに片づけてから日課を始めるのです。ダンベリーの監獄にいるとき、食堂に行っても休むことなく、何でもしなければならないというのが習慣になり、他の人たちは仕事がなければ居眠りして、ありとあらゆることをするのですが、先生は立って待つのです。習慣がそのようになっているのです。

何か仕事があれば、先生がまず行って手伝ってあげます。ですから、その食堂で有名にならざるを得ないのです。（天一国経典『天聖経』第十一篇 第五章 第二節 44）

ダンベリー刑務所の囚人たちは、慕わしさに飢えた人々です。私は言葉を一言語るにしても、彼らのことを思う心で語りました。ですからみな、私の近くに来ようとしたのです。御飯を食べるとき、最初は私一人で食堂の隅に行って食べました。ところが、約三カ月後には、食堂に行けば、私がよく座る場所をあらかじめ把握し、他の人々が座っているのです。座ってみると、私が座る場所もないほど人が集まってしまうのです。私が他の場所に行って座れば、元の場所を離れてまた訪ねてきます。このようなことが起きました。

それは、嫌いだからそのようにするのですか、好きだからそのようにするのですか。人心は天心に通じます。人は霊的な存在なので、自分を思ってくれ、自分のために尽くしてくれ、自分の行く道を明示してくれようとする、そのような正しい心が分かるというのです。

ですから、言葉をもって伝道するのではありません。愛の心情があふれて流れれば、そこには花が咲くのです。冷たい風が吹いても、岩の間から花が咲きます。北極の氷山世界でも花が咲き、氷の中でも花が咲くというのです。（一九八七・五・一）

模範となる

今まで、歴史では、ある個人なら個人を模範にしようとし、社会が変われば、発展した社会を模範にしようとしました。そのために努力した人が多くいたのであり、またそのような国家も多かったのです。しかし、模範にしようと思う家庭はありませんでした。

今までの世界思潮では、そのような家庭が現れることができなかったのです。「誰々の家庭を模範にしなさい」という主義が出てこなかったのです。あの国を模範にしなさい、誰それを模範にしなさいという主張などはたくさんありましたが、あの家庭を模範にしなさいという主張は出てこなかったのです。

したがって、最後に残された問題とは何でしょうか。私たちが崇拝できる個人や国が出てくることではなく、万民が仰ぎ、敬うことができる家庭が出てくることです。

そのような家庭だけが新しい世界を創建し、この宇宙に永遠の幸福が宿るようにできます。そのような家庭で私たちが安息するようになれば、幸福の基盤がつくられるのです。（天一国経典『天聖経』第二篇 第二章 第四節 7）

今からは家庭伝道時代です。先生の家庭を中心として、公式的な中心が現れ、これを皆さんに連結する時なので、家庭を中心とした伝道時代に入るというのです。

家庭単位の中心は女性であり、母親です。母親が二人の子女を抱いていかなければなりません。母親を中心として息子、娘を一つにすれば、すべて終わります。息子、娘の問題はありません。

そうすれば、問題のある世の中の家庭が、ここに来て懇願するのです。「この難しい問題をどのようにして解決すればよいのでしょうか」と尋ねれば、「この本を読めば可能です」と言いながら、原理の本をあげるのです。この本の内容を理解すれば、子女の問題を簡単に解けるようになるのです。

その本を借りて帰っていけば、皆さんのところに再び訪ねてきて、疑問に思ったことを尋ねるでしょう。そうすれば、皆さんは詳しく教えてあげなければなりません。（天一国経典『天聖経』第九篇 第一章 第二節18）

故郷に行き、どのようにすべきなのでしょうか。皆さんと一つになるようにしなければなりません。一つにする方法は簡単です。

息子は、天の伝統を伝授する教師となり、「このようにしてこそ天国が成し遂げられる」

という手本を見せてあげ、母親と父親はその村の母親と父親たちに、「こうすれば天国村になる」ということを見せてあげなければなりません。

夫は妻を、妻は夫を互いに愛し、父母は子女を、子女は父母を愛する愛の家庭を教材として用い、伝授してあげればよいのです。（天一国経典『天聖経』第九篇 第二章 第三節18）

愛のみ言《ことば》と愛の実践を通して夜も昼も活動するならば、老人たちがたばこを吸い、酒を飲みながらも、あるいは悪いことをしながらも、「うちの息子、娘にもあの人たちを見習わせなければ」と統一教会を褒めるのです。そうすれば、酒好きの悪魔がそこにくっついていても、逃げていくというのです。

けんかしていた者たちも、統一教会に入教してからはけんかしないのを見て、「うちの息子、娘も統一教会の教会員のようにならないといけない」と思えば、サタンは逃げていくのです。

すべての面において、原理原則を代表した一つの立て札となり、家庭に先祖の標的を立てなければなりません。先祖の中の先祖が真の父母なのです。（天一国経典『天聖経』第九篇 第一章 第四節23）

二世の皆さんは、学校でも、どのような所でも、真の父母様の子女であることを堂々と示さなければなりません。それが伝道です。学生は、学校で最高の学生にならなければなりません。一番にならなければならないのです。どのような環境にいようと、皆さんは最高にならなければなりません。

世の中の人々が二世たちを見つめていることを知らなければなりません。ですから、そのような中にいる皆さんは、どのようにしなければなりませんか。一生懸命に勉強し、またしっかり成長して、天のみ前に大きな人物にならなければなりません。

真の父母様が成し遂げようとされているそのみ旨を、二世たちが共に成就できる位置に立つとき、世界の人が何と言うと思いますか。皆さんは勝利者になるのです。（真のお母様、二〇一三・八・三）

イスラエル民族が、カナン七族の文化と伝統に従ったことが問題です。それで、イスラエル民族が滅びたのです。それが重要です。

今は違います。私たちが中心です。滅びゆく外の世界には希望がありません。「皆さんが唯一の希望だ」と言って、彼らが仰ぎ見るのです。皆さんが一つになって、今からはメシヤとしての責任を完遂しなければなりません。

神様がヨシュアとカレブに語ったように、強く、雄々しくなければなりません。長子権復帰のために父母を有し、天を有し、すべてのものを備えたこの地上の基盤をもったので、一気に押していきなさいというのです。

後ろから神様が支えてくれ、真の父母と真の家庭の力が要塞のように、後ろから皆さんを保護してくれるのです。一つの道へ前進さえすればよいのです。それが勝利する道です。

（天一国経典『天聖経』第九篇 第二章 第一節19）

ある人が社会に進出して成功できず、または社会の一員として堂々とした権威と資格をもつことができなかったとしても、真の父母、真の夫婦、真の子女を中心とした家庭を築き、誰もがその家庭を手本にしたいと思うほど平和に生きているとすれば、その家庭は幸福な家庭であることを否定できません。

そのような家庭は、家庭の真の幸福に限定するのではなく、その社会、または氏族を経て民族や国家の前に影響を与えなければなりません。そのような家庭があるとすれば、民族や国家全体が欽慕《きんぼ》すべき家庭に違いないでしょう。

このように、民族を代表することができ、さらに国家を越えて世界が欽慕できる一つの家庭がこの地球上に顕現するとすれば、全世界の人類はその家庭をあがめるに違いありま

せん。（天一国経典『天聖経』第五篇 第一章 第四節13）

父母の心情で愛する

統一教会の教会員たちは、み旨を信じて進むときに、僕《しもべ》の時代と養子の時代と直系の子女の時代を経なければなりません。そのような三過程を経て、自分が伝道した人や自分に従う食口《シック》を、父母が子女のために死を覚悟して愛するように愛することができなければなりません。

「私が犠牲になっても、私のあらゆる福をその人に譲り渡せれば感謝だ」という心が皆さんに自動的に起きてこそ、祝福を受ける息子、娘になることができるのです。（天一国経典『天聖経』第八篇 第一章 第四節18）

心情は父母の心情で、体は僕の体で行動してこそ、主人になります。これが神様の遺業です。これは、父の心情をもって涙と汗を流し、血を流してこそ、得ることができます。

真の指導者になろうとすれば、真の指導を受けなければなりません。天の道を行く真の父母の涙、真の父母の汗、真の父母の血を受け継がなければなりません。伝統として残す、

涙と汗と血を流さなければなりません。（天一国経典『天聖経』第二篇 第五章 第四節 4）

いつでも、神様の愛を中心として主体にならなければなりません。影響を及ぼさなければなりません。影響を及ぼすというのは、どういうことでしょうか。与えなければならないということです。

与えるときには、どのように与えなければならないのでしょうか。食べ残した残りかすを与えてはいけません。食べ残した残りかすをあげれば、食べてからも気分が悪く、唾を吐くのです。

餅をあげるにしても、あれこれ迷いながらあげるときは、かえってあげないよりもっと気分が悪いというのです。五つある餅を人にあげるのに、半分くらいそのままあげてこそ「有り難い」と言うのであって、あれこれと迷ってからあげれば、世話になる人が、あとから批評するのです。

ですから、与えるときは、神様と共に父母の心情で与えなさいというのです。（天一国経典『天聖経』第四篇 第三章 第三節 3）

皆さんが、子女や孫を愛し、彼らに最高の物や最も良い家、最も良い教育、最も良い職場、平和で繁栄する人生を与えたいのと同じように、神様は、地球だけでなく霊界の全人類にまでそうすることを願われます。

そして、父母は子女の安寧のためにすべてのことを犠牲にできますが、神様も同じです。実際、私たちが人間から発見する父母の本性は、私たちの天の父母であられる神様に由来するものです。

私たちが万民と万物に対して、「父母の観点」を開発して実践するならば、世の中は変わり始めます。新しい光の中で、他人を兄弟姉妹、家族の構成員として見るようになります。自分の家族を利用し、だまそうと考えることはできません。

私たちが神様の心情に近づくほど、真の父母の心情をさらに理解できるようになります。

（真のお母様、二〇一五・三・一）

自然屈伏の道

私たちは、武器をもって伝道するのではなく、愛をもって伝道するのです。アベルが愛によってカインを救う勝利の基台を通して、偽りの愛によって占領されたものを真の愛によって復帰しなければなりません。

そうしてこそ、衝突することのない本然の世界に帰っていけるのです。他の手段や方法を通してすれば、再びサタンがあらゆる手段や方法をもって出てくるのです。

イエス様は、死の道の上でも、生命が途切れる最後の瞬間までも、愛の道理を立ててきました。完全なカインの救いの道理を立てられなかったので、カインの救いの道理の門を開くことのできる道を、死を通して見せてくれたのです。（天一国経典『天聖経』第九篇 第三章 第五節 21）

神様が願う観点に立脚して生きた人がどれほどいるでしょうか。時には、個人的に感情を害し、食口《シック》に対して鬱憤を晴らしながら、言いたいことをすべて言う人を見かけます。兄弟関係において先に出てきた人が、カインの立場にいることを知らなければなりません。アベルになるためには、カインを救っておかなければならないのです。カインを救っておかなければ、アベルになれません。復帰された長子の立場になれないのです。そのアベルは、復帰された長子の立場です。結局は、長子の位置にいるのです。

そのようにするためには、世の中にいるカイン、すなわちサタン側にいるその兄を復帰しなければならないのです。復帰するのですが、無理やりたたいて復帰するのではなく、自然屈伏させなければなりません。

新しい世界観を見せてあげ、新しい国家観、新しい生活観、新しい未来観、新しい人格観、新しい血統、新しい心情を見せてあげなければなりません。何か違う姿を見せてあげなければならないというのです。（天一国経典『天聖経』第九篇 第三章 第六節 16）

神様は、宇宙を創造されるとき、絶対信仰をもって造られました。さらに、神様は私たち人間を愛の絶対的パートナーとして造られました。絶対従順とは、自分自身までもすべてなくして、完全投入することを意味します。

このように投入して忘れ、投入して忘れて、最終的に自分という概念さえすべてなくなる零点に進入するのです。神様は、信仰もすべて注いだので、残ったものは零点であり、愛もすべて注いだので零点であり、純情もすべて注いだので零点です。

しかし、神様の真の愛は投入するほど大きくなるのです。私たちはこのような神様に似なければなりません。愛を否定されても、さらに愛し、投入しても、もっと投入してこそ、怨讐《おんしゅう》を真の愛で自然屈伏させる位置まで進むようになるのです。神様がそのような道を歩んでこられたのであり、天地父母がそのような道を歩んできたのです。

投入して忘れてしまい、投入して忘れてしまうことを続ける人が中心者となり、全体の相続者となり、孝子の中の孝子となります。家庭の中でも、祖父、祖母をはじめとして十

人の家族が暮らすとしても、最もために生きる人が家庭の中心となるのです。（天一国経典『平和経』第二篇 4）

サタンは霊的な存在なので、直接、霊的に攻撃することもあれば、様々な実体の代理人を立てて攻撃することもあります。空中の権勢を握る偽りの王であるサタンは、時空を超越し、あらゆる権謀術数で攻撃し、妨害しました。

そのような怨讐《おんしゅう》に打ち勝つ秘訣《ひけつ》はただ一つ、真の愛で与え、自ら犠牲の蕩減《とうげん》条件を立てる道しかないのです。力によるのではなく、真の愛によって怨讐を自然屈伏させることが、神様の原理だからです。

神様を知らず、真理を悟れずに反対する彼らに対して、私は終始一貫して、ために生きてきました。人知れず迫害者の子女のために愛を投入しました。反対する国や政権を、むしろ助けながら生きてきました。

今や世界が公認し、反対していた者たちも私を尊敬するまでに至ったのです。私たちはここで、天の戦略とサタンの戦略がいかなるものであるかを学べました。すなわち、天の戦略は先に打たれて得るものであり、サタンの戦略は先に打って失うものなのです。（天一国経典『平和経』第七篇 12）

いかなる状況でも愛したという条件と基準を立て、サタン自身が「ああ、本当に神様は神様であられます。降服します」と告白しない限りは、神様は、完全な勝利を果たすことができません。それが問題なのです。

神様がそのようにサタンを愛することによって屈服させることが、復帰原理的な道であるならば、神様の子女である私たちも、その道を歩まなければなりません。世界的に迫害を受けても、世界的な怨讐圏に立っても、彼らを愛したという条件を立てなければなりません。

このような側面から、悪を自然屈伏させようとする神様の戦法は、「怨讐を愛せよ！」というものでした。言葉は簡単ですが、今までこれが神様とサタンの間で勝敗を分ける境界線となってきたことを誰も知りませんでした。（天一国経典『平和経』第八篇13）

カイン・アベルが一つになる勝利的基盤が広がることによって、父母がこの地上に臨在できるのです。父母が現れることによって、私たちが福を受けることができ、天国の新しい出発ができます。

「私」独りではなく、父母に侍《はべ》って天国に入らなければなりません。統一教会で言えば、既に父母は現れましたが、カイン・アベルの世界的蕩減《とうげん》条件において、祝福家庭の基盤の上に、このようなものができていないというのです。

アベル的家庭の代表が勝利して、天の福を受ける者として町内に行けば、その町内の人たちが涙を流しながらひざまずき、「世の中は滅びても、あなたの家庭は福を受けなければならない」と言えなければなりません。悪の世の中にいる町内の人たちがすべてひざまずき、あがめられる家庭になってこそ、長子の位置に立つのです。（天一国経典『天聖経』第八篇 第三章 第二節17）

家庭教会の定着

皆さんが外地に出て修練をし、み旨を中心として熱心に活動した新しい習慣性をもって、その町全体を変革しなければなりません。付いていってはいけません。

神様が、何もない中で御自分のすべてを投入して愛の対象圏をつくったように、皆さん自身を投入しなければなりません。必ず一つに一致させなければなりません。

皆さんの故郷の人々の中で、誰よりも最高の位置にまで行けば、霊界が協助するのです。（天一国経典『天聖経』第九篇 第二章 第一節34）

先生は、統一教会の教会員に天国の鍵をあげるのです。先生は、死ぬために十字架に行くのでしょうか。死ぬために行くのではありません。希望をもって、より高い所に行くのです。イエス様は、行って帰ってくることができず、何千年の間、来ませんでしたが、先生は、行けばいつでも来ることができ、思いのままに行ったり来たりできるのです。帰ってきてからは、統一教会を訪ねていくのではなく、家庭教会を訪ねていかなければなりません。

先生が訪ねるべき所は家庭教会ですが、家庭教会は、神様が臨在できる所であり、父母様が臨在できる所であり、息子、娘が暮らせる所、一族が暮らせる所です。教会は、家庭のための社会的事務所です。（天一国経典『天聖経』第九篇 第一章 第一節 3）

新しい世界に越えていくときは、宗教もなくなります。家庭教会だけが残るのです。真の父母を中心とした家庭です。

家庭は、真の父母の伝統を中心とした、その愛によって連結された一本の木のような理想世界、統一された世界です。霊的な世界は見えない神経系と同じであり、見える世界は血管系と同じです。

この二つの世界が調和統一されるところで、私たち人間の相反《あいはん》した体と心が一つになるのと同じように、この世界と霊界が完全に一つにならなければなりません。（天一国経典『天聖経』第九篇 第一章 第三節 6）

神様が私たちの町に訪ねてきたとき、父と母をお連れして訓示できる私たちの家にならなければなりません。精誠を尽くして神様に侍《はべ》るのです。

歴史始まって以来、国王に侍るのではなく、天地の大主宰であられるその方に、誰もが夢の中ででも侍りたいと思った願いがあったのですが、私たちの時代において、平面的に、実際に迎えることができるのです。

そのような時代圏内にいることに対して感謝の思いをもち、その町を飾り、家を美しく装って神様を迎えようとしなければなりません。

母、父、姉、兄、親戚が、不信の風潮と、このすべての死亡の波をなくし、神様が永遠に共にいらっしゃる「私」の町をつくってみようとしなければなりません。

そのような運動が必要なので、今日、家庭教会という課題が統一教会から出てくるようになったのです。今まで宗教は、個人の救いを目標としてきましたが、統一教会の救いは氏族の救いが目標です。一度に氏族が救いを受けようというのです。

「死んで天国に行くのではなく、生きて氏族が天国に入れる公義のチケットを受けましょう！」という運動が、家庭教会運動です。（天一国経典『天聖経』第九篇 第一章 第一節 9）

先生が祝福家庭を氏族的メシヤとして送ったのは、世界の家庭を代表しているからです。そのため、全世界の夫婦の前に、記録的な男性、女性となり、記録的な男性と女性から生まれた息子、娘は、今まで地球星に生きては死んだ人間とは違う一族の先祖になったことを知り、神様の息子、娘として、天国に直行して入れる人にならなければなりません。

彼らは、神様を絶対に信じ、真の父母を絶対に信じ、人類を絶対に愛さなければなりません。縦的、横的な愛を中心として、人類を愛さなければなりません。そのように愛したとき、中央に入ってくるのです。中央に入ってきて、位置に定着するのです。そうでなければなりません。

ですから、家庭的基準を中心とした召命の責任を担うため、いかなる家庭よりも模範的な家庭を築いていきなさいというのです。（天一国経典『天聖経』第九篇 第二章 第一節 27）

祝福家庭を中心として、氏族が形成されていくようになります。ですから、皆さんは、氏族的なメシヤとしての使命を果たさなければなりません。これからの教会は、族長を中心として成り立ちます。祝福を受けた人々は、すべて族長たちです。

これからは、統一教会で礼拝を捧げるのも、説教形式ではなく、報告形式でしなければなりません。報告の内容は、その家庭が誇れることでなければなりません。ですから、家庭全体が来て、礼拝を捧げなければならないのです。

そのようにしながら、模範的な家庭の報告は手本にし、難しい家庭の報告はうまくいくように導いてあげなければなりません。そして、家庭天国を建設しようというのです。

家庭天国を先につくることができなければ、地上天国はできません。（天一国経典『天聖経』第五篇 第四章 第六節35）

第四章　生活教育

四大心情圏を完成する人生

人間が生まれたのは愛の世界を旅行するためです。愛の宇宙を旅行するために生まれました。「私」が父母から血統を受け継ぐとき、父母の愛の中に同参したのです。それで、生まれた時から愛を受けるのです。母の腹中から父母が愛したのです。十カ月間ひたすら触り、生んでからも愛し、学校に入って大学までの期間、父母の愛の圏内で育つのです。

その父母は、自分の息子、娘を最高に愛するのですが、他の人と同じようにしてあげられなければ胸が痛むのです。息子、娘を生んでみてこそ、「私たちの父母がこうだったのだろうなあ」と理解するのです。

そうだとすれば、私たちをこのように放っておいて歩き回るとき、父母はどうして安らかに眠り、安らかな時間をもつことができたでしょうか。いつも焦る思い、不安な思いをもったであろうことを皆さんは知り、私たちの父母は素晴らしいということを悟らなければなりません。

ですから、愛です。生まれて十六歳になれば物心がつきます。そして、十八歳、ないし二十歳になれば結婚します。それでまた愛です。結婚し、また何年かたつと息子、娘を生み、また愛です。結婚をさせれば、今度は孫を愛するようになるのです。（天一国経典『天聖経』第四篇 第四章 第四節11）

人間は、愛で生まれ、愛の中で育ち、その次に、もう一度、他の次元の愛に連結されますが、それは父母の愛を離れて、相対の愛を訪ねていくからです。父母の愛を蘇生《そせい》的愛と言うことができ、夫婦の愛を長成的愛と言うことができます。夫婦同士がどれほど愛したとしても、子女がいなければ愛の完成を見ることができません。ですから、子女を願うのです。これが完成的愛です。

したがって、父母の愛、夫婦の愛、子女の愛を経る過程が人生の根本であり、神様の創造的愛の理想の根本となる道です。真の愛を中心として成就された家庭の目的は、家庭だけのためのものではなく、天国を成し遂げるためなのです。

宇宙が一つになるための標準を中心として、家庭から民族、国家、世界、天宙まで拡大していくのです。そして、世界まで行ってから帰ってこなければなりません。（天一国経典『天聖経』第三篇 第三章 第一節2）

真の愛は、経験を通して得るものであり、体恤《たいじゅつ》を通して分かるようになっています。真の愛は、言葉や文字、あるいは一般教育を通して体得できるものではありません。生活を通してのみ、完全に体得できるのです。

赤ん坊として造られたアダムとエバは、成長しながら、真の子女の心情、真の兄弟の心情、真の夫婦の心情、真の父母の心情を、段階的生活を通して経験し、体恤することによって完成するようになっています。

神様の真の愛を全体的に体得するとき、初めて創造目的を完成した理想的な人間になるのです。（天一国経典『天聖経』第三篇 第二章 第三節 47）

家庭において四大心情圏を完成した基準がより大きく統一されれば、一体理想が実現し、その土台の上に平和と幸福と自由の天宙を迎えることができるのです。したがって、心身統一と、男女を中心とした家庭統一が重要なのです。

神様も成長してこられたというのです。無形の心の中にあった子女、兄弟、夫婦、父母を、実体のアダムとエバとして創造し、子女、兄弟、夫婦、父母となり、第二の自己として体恤されることによって、真の愛の理想を完成した神様としての無限の喜びを感じられるの

です。（天一国経典『平和経』第一篇6）

夫婦の心情を育む

夫婦の立場というのは、神様の子女が一つになった立場であり、神様の家庭で兄弟が一つになった立場であり、夫婦が一つになった立場であり、父母が一つになった立場であることを知らなければなりません。夫と妻は、四大心情圏を中心として見るとき、自分を完成させてくれる絶対的対象者です。

ですから、夫というのは、妻に理想的な神様の息子を迎えさせる立場であり、天の兄を迎えさせる立場であり、天の夫を迎えさせる立場であり、天の父を迎えさせる立場です。妻も、夫に対してこれと同様の位置に立つようになるのです。

このような夫婦は、神様が体恤《たいじゅつ》したように、子女を生み、自分たちが育ってきたすべてのものを、子女を通じて実体的に体恤することによって、喜びを感じるようになります。神様の愛は絶対的なので、夫婦は別れることができないのが天理原則です。（天一国経典『平和経』第一篇6）

愛は唯一のものです。一つしかありません。唯一のものであり、絶対的なものです。そのような愛を願うので、妻に接するとき、絶対「性」をもって接しなければなりません。妻に出会うことによって、天国が「私」を訪ねてくるようになります。そのようになっています。

男性がいくら苦労しても、愛の道を訪ねていき、愛の正道に従わなければ、天国に行くことはできません。そのような天国を私に紹介するために訪ねてきた方が、妻という人であり、夫という人です。その二人が仲たがいする日には、天国が壊れていきます。私たちの人生の本然の理想と夢に、ひびが入っていくのです。（天一国経典『天聖経』第八篇 第二章 第五節６）

私たちは神様に代わって愛で生まれ、愛で生きながら息子、娘を生み、愛の目的地に到達して、永遠に神様と共に生きるために神様の所に帰るのです。すなわち、私たちの一生とは、愛で始まり、愛で熟し、愛の実として刈り取られるのです。人が死ぬということは、愛の実を収穫することです。

私たちは、父母の愛を受け、夫婦の愛を交わし、子女を愛したので、内的な愛の世界に蒔《ま》かれた神様の愛のすべてを、一生をかけて実を結んで収穫し、あの世に逝くのです。

ですから、私たちが完全に愛で一つになれば、神様に似るようになります。夫婦が合わさってこのような三段階の愛を完全に完成して霊界に行くようになれば、永遠の主体である神様のみ前に、永遠に「相対としての神様」になるのです。

真の愛を中心として夫婦が死ねば、そのようになります。ですから、神様で始まって神様で締めくくるのです。（天一国経典『平和経』第三篇16）

今後、理想世界では、夫婦が仲良く歩けば、未婚の女性と男性はその人たちに挨拶をしなければなりません。これからそのような時が来ます。夫婦が一つになっている姿を誇らしく思い、それを賛美する社会風土にならなければなりません。

さらには、祝福を受けた家庭の夫婦が歩けば、今後はそのような標識が立つでしょう。その人々は、どこに行っても社会からあがめられ、多くの人々がその夫婦に対して賛美し、尊敬できるようにならなければなりません。（天一国経典『天聖経』第十一篇 第四章 第二節14）

父母として模範を示す

息子、娘たちに、「夫婦とはこのように暮らすものだ」という模範を見せなければなりません。「父母は、あのように仲良く暮らすのだなあ。私も早く結婚してあのように暮らしてみたい」と言わせなければなりません。すべて学んで実践するように、父母が教育するのです。父母にかかっているのです。（天一国経典『天聖経』第五篇 第四章 第四節17）

父母は、子女に真の愛を実践することを教育しなければなりません。これは、すべて家庭に関する話です。夫婦が貞節を守らなければならず、一心が定着しなければならず、その次に子女に対して真の愛の実践教育をしなければなりません。

父親が酒を飲んで入ってきて、母親を殴りながら、「私の話を聞け」と言えば、聞くでしょうか。母親が父親をだまし、うそを言いながら、子女たちには、「私の話を聞きなさい！」と言えば、聞くでしょうか。

ですから、子女に対する真の愛の実践教育です。教育ではなく、実践教育です。実践し、教えてあげなさいというのです。

これを標語として、きちんと書いて掛けておかなければなりません。皆さんが精誠を尽くして書かなければなりません。（天一国経典『天聖経』第十一篇 第四章 第一節25）

今まで私たちは、いい加減に生きてきて、言葉もいい加減に使ってきました。しかし、これからは、私たちの家庭にも規律を立てなければなりません。

父母が、腹が立つといって子女を好き勝手にたたき、「このどうしようもないやつめ！」という世俗的な言葉を使ってはいけません。今からは、すべてが一新されなければなりません。

神様を中心として言葉から、態度から、生活から一新された立場に立たなければならないのです。（天一国経典『天聖経』第十一篇 第四章 第一節 2）

家庭天国を成し遂げることが神様のみ旨です。世の中で一番恐ろしいものが息子、娘です。息子、娘は、皆さんがするとおりに学ぶのです。ですから、一番恐ろしいものが息子、娘なのです。

すべてのものを受け入れてあげ、赦《ゆる》してあげ、平和に暮らせば、その息子、娘もそのまま学ぶのです。罪のない息子、娘の父母になるのは、簡単ではありません。（天一国経典『天聖経』第十篇 第二章 第三節 9）

父母は、神様を身代わりした父母にならなければなりません。父母は子女たちに、「息子、娘よ！　お前が私を愛する以上に、お前たちの兄弟を愛し、お前たちの隣近所と国と世界を愛そうとしなさい」と言わなければなりません。

このように教育する人であってこそ、父母の中で真の父母の資格をもつことができます。そうしてこそ、息子、娘たちと自分の家がより大きな善の立場、善の中心に発展していくのです。（天一国経典『天聖経』第五篇 第四章 第三節13）

息子、娘から一生の間、「私たちの父母はけんかした」という声を聞かないようにしなければなりません。「私たちの父母はよくけんかした」という話を聞けば、いくらうまくやってもつらい思いをするのです。

息子、娘が、「私たちの父は神様の代身だ。私たちの家の神様だ。私たちの父は私たちの家の大統領だ。私たちの父は私たちの家の聖人だ。私たちの母もそうだ」と言わなければなりません。

昔、聖人たちは、「家和万事成《いえわしてばんじなる》」と言いましたが、統一教会で主張するのは、「天和」です。天宙を中心として天と和合しなさいというのです。（一九七八・一〇・二八）

子女を愛する

父母は、子女のためにいるものです。もし「子女は父母のためにいるものだ」と言うなら、その人は父母ではありません。

今後、統一教会の原理を中心として倫理観が形成されるようになります。父母は、どうあるべきですか。子女を生んだ父母は、子女のために苦労しなければなりません。これが倫理の第一条です。

なぜそのようにすべきなのか、説明は必要ありません。うれしいからだというのです。うれしいからその子女のために生きようとする父母の立場は、幸福な立場です。（天一国経典『天聖経』第十一篇 第四章 第二節 7）

父母が子女を愛するとき、「父母はこうでなければならない」というある固着した形式をもち、自分を主張する場において子女を愛するのではありません。自分を主張せずに自分を否定するのです。すなわち、自分がない立場から子女を愛するのです。

言い換えれば、父母は、父母の権限をもって、いつも堂々とした立場で子女を愛するのではなく、父母の権限を忘れた立場、それ以上の立場で子女を愛するのです。そのような愛をもって子女の前に臨むのが父母なのです。（天一国経典『天聖経』第三篇 第二章 第二節 10）

父親は、子女と向き合うとき、友達の中の友達にならなければなりません。そうすれば、自分の友達と遊んでいても、父親が現れれば、友達を捨てて父親に向かって走っていくのです。そして、先生の中の先生にならなければなりません。

「私のお父さんは大統領よりもすごい。一番だ。神様の次にすごいのが私のお父さんだ」と言わなければなりません。「友達と替えることができないお父さんだ。どんな先生とも替えることができないお父さんだ」と言わなければならないというのです。（天一国経典『天聖経』第十一篇 第四章 第二節 9）

母親は、自分の体を投入して忘れてしまいます。自分の血と肉を分けてあげながら、覚えておく母親はいません。子女にお乳を与えながら、「きょうは何グラムを子女に供給した」とノートに記録したりはしません。投入して忘れ、投入して忘れてしまうというのです。

母親が子女を育てながら立っている所が、神様が天地を創造しながら投入して忘れ、投入して忘れた、その立場と同じなのです。（天一国経典『天聖経』第三篇 第一章 第一節 28）

子女とは何でしょうか。神様がどれほど人間を愛したかを教育することができ、それを教えてくれ、体恤《たいじゅつ》させるためのものが子女です。その子女を通して、神様がアダムとエバを造っておいて、どれほど喜んだかを知るようになります。

皆さんが子女を愛するのは、神様が人類始祖を造っておいて喜んだのを体験することです。神様と同じ立場で、子女を愛することのできる人にならなければならないので、息子、娘を生まなければならないのです。（天一国経典『天聖経』第五篇 第三章 第三節 1）

父母が子女を愛するのに、誰かに教えてもらって愛しますか。皆さんは、赤ちゃんを生んで愛する時、その愛する方法を習いましたか。どこに愛を教える学校がありますか。何もありませんが、誰でもその基準は満点です。不足だと感じれば感じるほど、さらに完全だというのです。

完全なものは、手を出す必要もなく、習う必要もありません。加減が必要ないものが完全なものなので、完全なものは変わらないものであり、変わらないものは永遠に続くというのです。（天一国経典『天聖経』第三篇 第二章 第三節 44）

孝行の道理

堕落した世の中でも、母親の愛は、子女のために投入して忘れ、また投入して忘れ、奉仕し、犠牲になって子女が良くなることを願いますが、その子女が良くならず、老いて死ぬほど苦労しなければならないのであれば、老いて死ぬまでもっと投入し、投入することを続けるのです。それが母親の愛です。堕落した世界でもそうです。

そのようにして逝った父母であることを知るようになれば、お墓に行って、「この親不孝の子女を赦《ゆる》してください」と痛哭《つうこく》し、今からでも何倍も親孝行をしようと、一八〇度変わって孝子の道を行こうとするのです。

手段と方法を通した道ではありません。これは、本当に血と肉を絞り出す愛の道においてのみ可能です。（天一国経典『天聖経』第三篇 第二章 第二節 7）

父母が子女に、親孝行しなさいと教えてあげて孝子にするのではありません。自ら親孝行しようという心が湧き出るようにしなければなりません。このようなことは一日でできるものではありません。長い期間を置いて影響を及ぼさなければならないのです。

影響を及ぼすというのは、父がするとおりに、子女が従ってくることができるように、生活で子女に手本を示してあげるということです。このようなことを実践する、み旨に対する専門家にならなければなりません。（天一国経典『天聖経』第五篇 第四章 第三節 4）

人のために犠牲になるところにのみ、愛の道があります。父母が子女を愛するときに、「私はお前を二十年間勉強させたので、お前は蕩減《とうげん》復帰の原則によって二十年間父母の犠牲になりなさい」とは言いません。

自分の代価を計算することなく苦労すればするほど、そしてその苦労が極まれば極まるほど、子女は父母に対して愛の心をもつのです。その代価を要求しなくても、父母を愛さざるを得ないのが子女の本心です。

ですから、子女を愛する父母の前には不孝者がいないのです。父母を心配させる不孝者はあり得ないのです。子女のために犠牲になる父母には孝行者が生まれます。一国の国王が臣下のために犠牲になれば、その臣下たちは、忠臣になるまいとしてもならざるを得ないのです。

ですから、愛の道とは、より苦労し、より骨を折れば折るほど、その価値が減少するのではなく、倍加するのです。これが愛の道です。（天一国経典『天聖経』第三篇 第三章 第二節 14）

兄弟姉妹の愛

父母の愛を中心として兄の立場に立った人は、自分を犠牲にしていきながら父母の代わりに弟や妹を愛するのが愛の秩序であり、伝統です。兄という立場は、兄弟の中で一番苦労しなければならない責任がある立場です。父母のために、兄弟のためにです。それが兄だというのです。

父母は子女を代表して、子女たちよりもっと苦労するのです。子女のために愛を中心としてそうするのです。その場は涙が交差しても、離れたいと思いません。涙を流しながらも付いていく道がそこにあるのです。（天一国経典『天聖経』第五篇 第三章 第三節 17）

兄弟がなぜ必要ですか。男性は、妹や姉を見ながら、「母はあのように育ったのだなあ」ということが分かるのです。母親が育っていく姿を見るのです。また女性は、兄や弟が育っていくのを見て、「父はあのように育ったのだなあ」と、その姿を見るのです。

それが兄弟愛です。そのように育って一つになるのです。ですから、兄弟を愛さなければなりません。（天一国経典『天聖経』第三篇 第二章 第五節 1）

「私」が父母に会いたいと思うのと同じように、父母は、自分の兄弟を父母よりもっと愛してくれることを願うのです。

「父母に孝行をする」と言いながら兄弟同士でけんかをすれば、その孝行は成立しません。父母の心は、自分のために尽くしてくれようとする思いよりも、兄弟同士がもっとために生きることを願うのです。父母を世話することができなくても、「お母さん、少し待ってください。私は弟と妹を愛してきます」と言えば、「この子は、見どころのある子だ」と思うのです。

兄弟を父母以上に愛そうという人は、天国で永遠に暮らせる人です。兄弟を父母のように愛せない人は、ここから外れるのです。その道理の根本を悟ってみれば簡単です。それが分からずに、今までできなかったのです。

私たち食口《シック》同士で一つになれるか、なれないかということが問題です。父母の前に孝行できない立場に立ったならば、父母のために自分が精誠を込めたものを、父母の代わりに自分の食口のために与えなさいというのです。そのようにすれば、父母に孝行した以上のものとして天が受け入れます。そのような人は必ず祝福を受けるのです。（天一国経典『天聖経』第十一篇 第四章 第二節 2）

家庭には父母がいて、その膝下《しっか》には多くの子女たちが育っています。その多くの子女たちには、各自の個性があります。様々な個性をもつ兄弟たちが自分を主張できるのは、父母の愛と根が同じだからです。そのような主張は、いくら幼い弟と妹の主張だとしても、兄弟たちが無視できません。

なぜ無視できないのでしょうか。父母の愛を中心とするからです。大きくても小さくても、父母が共にある立場では、いくら弟と妹の立場にあっても、その弟と妹は父母の愛と一つになった立場にいるので、彼が主張することを認めなければなりません。

また、それが歓迎されるように動くのが、家庭生活なのです。（天一国経典『天聖経』第五篇第三章 第三節13）

兄弟は、多ければ多いほど良いのです。兄弟がいくら多くても、御飯が茶碗《ちゃわん》一杯分しかなければ、兄弟で分けて食べなければなりません。御飯が茶碗一杯しかないからといって、争ってはいけません。兄弟が多くて大変な中で暮らしていても、「私は御飯を食べなくても、お姉さんにあげたい。弟と妹にあげたい」という愛の心をもてば、いくらでも良いというのです。

良い服は自分が着て、悪い服は弟と妹にあげますか。サタン世界と反対に考えなければなりません。統一教会の祝福を受けた家庭の子女たちが考えるのは、サタン世界とは違わなければならないのです。（天一国経典『天聖経』第十一篇 第四章 第二節 5）

家庭は愛の学校

人生において、家庭は、最も重要な愛の学校です。子女たちは、家庭において父母だけが行うことのできる愛の教育、情緒教育を通して、心情の深さと幅を育てられます。これが子女の人格をつくる礎石となります。

また、家庭は、子女に美徳と規範を教育する学校です。人は、このような情緒教育と規範教育を受けた土台の上で、知識教育、体育、技術教育を受けなければならないというのが天道です。

父母は、子女に真の愛を施す真の父母になると同時に、真の師となって心情教育と規範教育を正しく行うようになっています。たとえ父母が真の師であることを自覚できなくても、子女は、父母からありのままの姿に似て学ぶようになるのです。父母の役割は、このように重要です。

子女は、父母が与える真の愛と父母の愛の生活に似ていきながら、愛の人格が形成され、

霊性が啓発されていくのです。（天一国経典『平和経』第五篇17）

家庭とは何でしょうか。心情的な訓練場です。愛を中心として心情的に訓練する場所です。ですから、愛情をもって兄弟のように学校で生きなければならず、愛情をもって国でも兄弟のように生きなければならないのです。父母のそのような教育は、学校のための教育であり、社会のための教育であり、国のための教育になるというのです。

父母は、情緒的なすべてのものを子女たちに伝授してあげなければなりません。父母が生きたのと同じように、家庭ではこのように生きるべきであり、社会ではこのように生きるべきであり、国のためにはこのように生きるべきであるという情緒的基盤をつくってあげなければならないのです。（天一国経典『平和経』第四篇14）

家庭は、神が創造した最高の組織です。また、人類が互いに愛し、平和に暮らすことを学ぶ愛の学校であり、世の中に平和の王宮を建てるための訓練道場です。為《ため》に生きる夫と為に生きる妻として、そして永遠の愛の道を行くための夫婦として、その責任を学ぶところです。

家庭は世界平和のためのベースキャンプなので、息子・娘が「お父さんとお母さんが喧《けん》嘩《か》する姿を、生涯一度も見たことがない」と言うようにならなければなりません。(『平和を愛する世界人として』光言社文庫版、二三三ページ)

父母は、子供たちにとって第二の神様です。「神様が好きか？ お父さんとお母さんが好きか？」と尋ねて、「お父さんとお母さんが好きです」と答えたら、それはすなわち「神様も好きだ」という意味です。

教育の最も大事な部分を担っているのが家庭です。幸福も平和も、家庭の外にはありません。家庭こそが天国です。いくら莫大《ばくだい》なお金と名誉を持ち、世界をすべて手に入れたとしても、健全な家庭を築くことができなければ、その人は不幸です。家庭は天国の出発点だからです。夫婦が真実の愛で結ばれ、理想的な家庭が築かれたら、宇宙と直接連結されます。(『平和を愛する世界人として』光言社文庫版、二三四ページ)

お互いに異なる人種と文化的背景を持つ夫婦だとしても、神様の愛を受けて家庭を持ったのなら、彼らの間に生まれた子供たちの間で文化的葛藤というものはあり得ません。その子供たちは、父母を愛する心で、母の国と父の国の文化と伝統をすべて愛して大切にするのです。

したがって、多文化家庭の葛藤の解決は、どのような知識を教えるかではなく、その父母が真の愛で子供を愛するかどうかにかかっています。父母の愛は、子供の骨肉にしみ込んで、母の国と父の国を一つのものとして受け入れさせ、子供が立派な世界人として育つようにする肥料となります。（『平和を愛する世界人として』光言社文庫版二五〇ページ）

家庭というのは、人類愛を学び、教える学校です。父母の温かい愛を受けて育った子供は、外に出ていけば、家で学んだとおりに、困っている人を愛の心で助けるでしょう。また、兄弟姉妹の間で情け深い愛を分かち合って育った子供は、社会に出て隣人と厚い情を分かち合って生きていくでしょう。

愛で養育された人は、世の中のどんな人でも家族のように思うものです。自分の家族のように思って人に仕え、人に自分のものを分けてあげる愛の心は、真の家庭から始まります。家庭が大切なのには、もう一つ理由があります。家庭は世界に拡大するので、大切なのです。真の家庭は、真の社会、真の国家、真の世界の始まりであり、平和世界、神の国の出発点です。父母は、息子・娘のために骨が溶けてなくなるほど働きます。しかし、単純に自分の子供にばかり食べさせようと働くのではありません。あふれるほど愛を受けた人は、人のために、神様のために働くことができます。

家庭は、あふれるほど愛を与え、また与える所です。家庭は、家族を包む囲いであって、愛を閉じ込める所ではありません。かえって家庭の愛は、外にあふれ出て、絶えず流れていかなければなりません。いくら愛があふれ出ても、家庭の愛は渇くことがありません。神様から受けたものだからです。

神様から与えられた愛は、いくら掘り出しても底が見えない愛、いや、掘れば掘るほどもっと澄んだ泉があふれ出てくる、そのような愛です。その愛を受けて育った人は、誰でも真の人生を生きることができるのです。(『平和を愛する世界人として』光言社文庫版、二五〇ページ)

共に暮らす

家庭には、必ず父母がいなければならず、夫婦がいなければならず、子女がいなければなりません。それだけでなく、周囲には親戚もいなければなりません。家庭には祖父母、父母、自分たち夫婦、息子、娘がみな入っています。

ここで何を中心として一つになるのかというと、言葉を中心として一つになるのではありません。お金を中心として一つになるのではありません。御飯を食べて暮らすことを中心として一つになるのではありません。

一軒の家に住む家族だからといって、みな一つになるのではありません。そこにある高低を克服して乗り越え、情を中心として一つにならなければなりません。愛を中心として一つにならなければならないのです。

家庭は、父母の愛、夫婦の愛、兄弟の愛、それだけでなく祖父母の愛、孫と孫娘の愛を中心として、縦横と左右全体が和合するのです。情が核になって全体が一元化されて動く一つの連体的基盤です。家庭は情を中心としてつくられるのです。（天一国経典『天聖経』第五篇第一章第一節２）

家庭を見るとき、家屋が良く、その周囲の環境が良いといって、良いわけではありません。反対に、いくら環境が悪くて家がみすぼらしくても、それを安息所として、そこに自分の事情と生涯と生活のあらゆる基準を結びつけようとする家庭が、良い家庭なのです。

そこには、父母と子女の間に、互いのために思いやる心情があります。これが追憶の本郷であり、あらゆる生活の動機になるので、私たちの生活で幸福を左右する基礎になります。

それはなぜでしょうか。父母と子女の間には、誰も侵すことのできないたった一つの愛の関係と、たった一度しかない血統的な愛の関係があるからです。

そこでは、父母と兄弟の愛が動機となっているので、私たちの生活に慕わしい対象とし

て連結されるのです。（天一国経典『天聖経』第五篇 第一章 第一節10）

共に暮らす人生の典型は家庭です。父母と子女は愛と尊敬で、夫婦は相互信頼と愛を土台として、兄弟姉妹は互いに信じて助け合いながら、一つになって暮らす家庭が、正にモデル的理想家庭だというのです。

真の愛の根に真の愛の幹が生じ、真の愛の実を結ばせる、真の家庭を探して立てなければならないという意味です。（天一国経典『平和経』第四篇12）

人間は誰でも、家庭で泣いている父母よりは、笑っている父母に侍《はべ》って暮らしたいと思います。笑って生きる兄弟と共に暮らしたいと思います。

それでは、どのようにすれば、笑う父母に侍って暮らし、笑う兄弟と暮らせるのでしょうか。世の中でいう夫婦とその父母を中心とした家庭ではなく、全人類と全世界の父母を中心とした家庭にならなければなりません。世界を代表し、万国を代表できる家庭の軸は、どこにとどまるのでしょうか。

誰でも平和な家庭を求めているのと同様に、絶対的な神様がいるならば、その方もやはり絶対的な平和の家庭的基準を求めてこられるのです。（天一国経典『天聖経』第十篇 第二章 第

三節3）

神様は、恐ろしい方ではありません。神様は、最も近いのです。神様に会えば、神様の背中に乗って、神様の髪の毛をつかんでも神様は喜びます。孫たちが祖父の髪の毛をつかんで背中に乗っても、愛する孫なので喜ぶのと同じです。神様は、私たちの父母ではないですか。

分かってみると、神様は、恐ろしい方ではないのです。世の中で最も近い方が神様です。父母よりもっと近く、夫よりもっと近く、息子よりもっと近い方が神様です。

そのような神様を知り、最も近く、最も尊く、「私」と共に永遠に一緒に生きる方であることを知るようになるときに、万事がすべて都合良く運ぶのです。（天一国経典『天聖経』第三篇 第二章 第一節6）

三代圏家庭

私は、三代が一緒に暮らす家庭を勧めています。韓国の伝統を守るためだけではありません。夫婦が結婚して貴い子供を生めば、親は子供にすべての物を譲りますが、譲れるものには限界があります。

父母は現在を、子供は未来を象徴します。祖父母は過去の歴史を代表します。したがって、祖父母と父母と子供が一緒に暮らしてこそ、子供は過去と現在の両方の運勢をすべて譲り受けることができるのです。

祖父母を愛し、尊敬することは、過去の歴史を受け継いで、過去の世界を学ぶことです。子供は父母から現在を生きる貴い知恵を学び、父母は子供を愛して未来に備えるのです。

（『平和を愛する世界人として』光言社文庫版、二三八ページ）

祖父母は、年を取りながら、息子、娘よりも孫、孫娘をもっと愛します。皆さんも祖母がいる人は、父母の愛よりも祖母の愛をたくさん受けるでしょう。

祖母の願いとは何かと言うと、孫、孫娘をかわいがることです。自分の家には何があるかというと、昔、自分が少年だった時から青少年の時を過ごした、そのような姿がすべてあるのです。その次には、結婚して息子、娘まですべているというのです。自分が一生を歩んできたものを、再び自分が実体として見ることのできる環境が広がるのです。

祖父になり、曽祖父になれば、東西南北をすべて備え、数多くの子孫を率いているというのです。その子孫がすべて愛でつながっているのです。それが多ければ多いほど福だというのです。愛から生まれ、愛によって流れていくようになっています。人生行路は、愛の道をつないでいくのです。ですから、愛のゆえに生まれた人生であることを否定できません。（天一国経典『天聖経』第四篇 第四章 第四節12）

家族全体が喜ぶためには、祖父と祖母が和合しなければならず、父と母が和合しなければならず、自分たち夫婦が和合しなければならず、兄弟が和合しなければなりません。和合して互いに一つにならなければなりません。それでは、どのようにすれば一つになれるのでしょうか。「自分のために生きなさい」と言う時は、すべて分かれるようになっています。八人家族が一緒に暮らす時、八人家族が一つになろうとすれば、どのようにしなければならないのでしょうか。祖父と祖母も全体のために生きなければなりません。「自分のために生きなさい」と言えば、八つに分かれます。一つになる方法は、お互いがために生きることです。

祖母は祖父のために生き、祖父は祖母のために生き、父は母のために生き、母は父のために生き、夫は妻のために生き、妻は夫のために生き、また兄弟同士でも、兄は弟のために生き、弟は兄のために生きるのです。

一つになれる秘法は、このように簡単です。ために生きる関係を結べば、その家には平

和が訪れるのです。（天一国経典『天聖経』第十篇 第二章 第三節17）

第一の神様は、自分の祖父母であり、第二の神様は、父母であり、第三の神様は、息子、娘です。ですから、息子、娘を神様のように愛しなさい、というのです。

世の中の父母たちもそうです。兄弟たちが父母を愛することよりも、兄弟同士が争わずにより愛し合うことを願います。父母の愛にプラスして、兄弟同士がもっと愛し合わなければなりません。自分の父母を標準として、それ以上にもっと素晴らしく生きよう、と考えなければなりません。

本来、私たちの先祖が生きていた以上に、幸せに生きようと考えなければなりません。それが標準です。そのように生きる人は、間違いなく天国に行くのです。エデンの園には、これを教育する方法がありませんでした。しかし、私たちには、これを教育できる原典があります。

天の国の皇族にならなければ、本然の天の国に入ることができません。それを教育できる、本然の教材のような生活環境圏の舞台が、私たちの家庭なのです。（天一国経典『天聖経』第五篇 第三章 第三節5）

家庭を愛し、世界を愛する

愛を宇宙に適応させるためには、家庭が絶対的に必要です。家庭で父母を愛することができてこそ、父母のような年齢の人々を愛することができ、家庭で祖父母を愛してみてこそ、そのような年齢の人々を愛することができます。それから、小姑《こじゅうとめ》を愛してみてこそ、小姑のような人々を愛することができ、夫の弟と夫の兄を愛することができてこそ、夫の弟と夫の兄のような人々を愛することができます。それでこそ、全世界の人類を愛することができるというのです。（天一国経典『天聖経』第五篇第一章 第三節10）

理想世界の体制は家庭単位です。家庭が天国の基盤であり、天国創建の礎石です。どれほど民がたくさんいても、家庭を拡大した愛をもって国家に対する人は、天国のどこに行こうと通過します。

ですから、家庭において教本どおりに教育を受けた、そのような心をもたなければなりません。家庭には、祖父母、父母、夫婦、息子、娘がいます。四代です。これを拡大すれば、世界のどこに行こうと、祖父や祖母の年齢の人がいて、父や母の年齢の人がいて、自分たち夫婦の年齢の人がいて、自分の息子、娘の年齢の人がいます。ですから、家庭において教本のとおりに愛の内容を体験した人は、世界のどこに行こうと何の問題もありません。教本どおりに生きることができるフォームをもっているので、合格者になります。

このように生きる人は、今後、どこの家に行ったとしても食事を与えてあげなければならず、泊めてあげなければなりません。そのような時が来ます。この教育さえできていればよいのです。

したがって、家庭が絶対基本教本です。家庭で教育されたとおりに生きれば、どこに行こうと国境がなく、遮るものがありません。（天一国経典『天聖経』第五篇 第四章 第二節 7）

皆さんが内外で互いに愛し合うことのできる家庭にならなければなりません。家庭での愛は、国の愛を縮小させたものであり、世界の愛を縮小させたものです。

ですから、家庭で皆さんが心情的な訓練を受け、皆さんによって本質的に生活化され、神様のみ旨を成就しようという切実な心情に同化されて、その心を氏族に適用するだけでなく、国家的にも適用しなければならないのです。（天一国経典『天聖経』第五篇 第一章 第三節 6）

家庭で父母を中心として、夫婦を中心として、子女を中心として、家庭の人たちが不変的な愛で一つになった家庭になっているでしょうか。家庭的宝物になっているでしょうか。宇宙が見つめるときに、失うことのできない、あらゆる人間が願うことのできる家庭をもったのでしょうか。

そのような家庭を単位として、それを横的に拡大するとき、神様が愛することができ、放っておくことのできない氏族圏をもたなければなりません。それから、その基盤を拡大して民族圏をもたなければなりません。その民族圏を拡大して国家圏をもたなければなりません。その国家圏だけではいけません。世界圏をもたなければなりません。

また世界圏だけではなく、霊界圏まで地上世界に連結される愛の統治の舞台と統一された権限をもたなければ、人間は完成できません。人間が解放される道がないというのです。

（天一国経典『天聖経』第五篇 第一章 第四節30）

理想的な社会や国は、すべての人が国境と皮膚の色を超越し、相互協力と調和を形成し、幸福に生きていく社会です。

この社会は、人々が、唯一の神様の息子、娘であることを自覚し、真の父母を中心として一つの兄弟となった大家族社会であり、そこは血統と所有権と心情を復帰した祝福家庭たちが、真の父母の言語、真の父母の文化のもと、自由と平和と統一の世界を成し遂げたところです。

人々は、神様の心情文化の中で、共生共栄共義の生活をするようになります。人類は、地球環境に対する公害要因を除去し、万物に対して真の主人として愛し、保護しながら生きるようになっています。

その世界における生活のための活動と作業は、他のために生きて愛する心情を土台とした喜びの奉仕であり、実践です。したがって、構成員の生活レベルは標準化されます。

このような理想の実践は、真の父母の思想、すなわち、ために生きる真の愛の理念でなくては不可能なのです。（天一国経典『天聖経』第十篇 第二章 第四節 7）

第五章　天に対する孝情《ヒョヂョン》、世の光たれ

私たちが進むべき道

真のお父様は今、霊界にいらっしゃいますが、私たちと常に共にいらっしゃいます。ただ無形でいらっしゃるだけであって、一瞬たりとも私たちの傍らを離れることはありません。今、真のお父様は、私たちに何を願っていらっしゃるのでしょうか。正に、中断なき前進を願われているはずです。神様の摂理は、全世界に真の父母を中心として愛と平和が満ちあふれ、心情文化が定着し、新しい秩序が定着するときまで続かなければなりません。特に、「基元節」の勝利を土台として、さらに一路邁進《まいしん》し、天と真の父母様に大きな栄光をお捧げし、世界と歴史に大きな希望を抱かせてあげなければなりません。（真のお母様、天一国経典『天聖経』第十二篇 第四章 第三節12）

統一教会は本来、神霊と真理によって出発し、歳月が流れながら心情が湧き出る、愛のあふれる教会として発展しました。それで、草創期に真のお父様が牧会をされるとき、食口《シック》

が一度教会に訪ねてくれれば、そこを離れるのを嫌ったのです。

真の父母様と夜を徹しながら一緒にいたいと思い、真の父母様が願われることであれば、何としてでも、それを成就してさしあげたいと思ったのです。誰が強要しなくても、自ら侍《はべ》っていたのが草創期の信仰生活でした。小さな教会でしたが、真の愛があふれ、互いに一つになりながら、非常に難しい時代を克服していったのです。

同じように、今日、各教会でも原理講義が途絶えてはいけません。み言《ことば》によって生まれ変わらなければなりません。そうして、真の愛を実践できる個人になり、家庭、社会、氏族、国家になれば、それが天一国《てんいちこく》であり、地上天国です。（真のお母様、二〇一二・一〇・一）

人類が常に真の父母に侍って暮らす体験と経験ができる所、霊界と交流できる場として情心苑《チョンシムオン》（天心苑）で祈り、願いを報告し、速やかに全世界七十七億の人類が知るようにしなければなりません。霊界に行かれたお父様が、さらに先頭で歩めるよう、祈祷しなければなりません。地上が重要なのです。難しい南北関係、日韓関係を解かなければなりません。

地上で環境を造成して、霊界が動くようにしなければなりません。情心苑は、真のお父様に侍り、三百六十五日、共にする所です。祈祷と精誠を捧げれば、成されます。お父様に侍り、孝進《ヒョジン》、興進《フンジン》、大母《テモ》様に侍り、情心苑を中心として、すべての食口《シック》が愛で一つになる生活化がなされなければなりません。

七年路程を通じて、お父様の体面を立ててさしあげました。これからは南北統一です。お父様が直接立たれ、霊界を動員して、南北を統一しなければなりません。そうしてこそ、世界の復帰を強く成していくことができます。情心苑が摂理の主流となって南北統一をしなければなりません。（真のお母様、二〇二〇・六・八）

今後、家庭連合は、二本の柱で進むと言いました。神霊と真理です。皆さんは、天心苑《チョンシムォン》で、祈祷の精誠をたくさん捧げなければなりません。

いまだに、神統一韓国、神統一世界を築いていく上で、障害が多いのです。精誠を捧げなければなりません。（真のお母様、二〇二三・二・六）

ですから、私が話したのです。今後、統一教会（家庭連合）は、神霊と真理によって進むと。それで、私が最近、二元体制、天心苑と家庭連合が一つになって進むと言ったのです。

この天心苑祈祷が、なぜ重要なのでしょうか。私たちが天の父母様のために広げてさしあげるべき環境圏のために、霊界にいらっしゃるお父様が出動してください、ということなのです。それがお父様の願いでもあり、人類の願いです。

そのため、あなたたちが天心苑《チョンシムォン》において、お父様に切実に告げるのです。「私は、きょうはこのような所を訪ねていこうと思います。お父様、共にいてください。天の権能を見せてください」と、精誠祈祷をするのです。分かりましたか。（真のお母様、二〇二三・一一・一二）

天の父母様の願いと私たちの願いは、地の果てまで、天の父母様を知らない人がいないようにすることです。それが私たちの責任です。

天の父母様のために、死生決断、全力投球することによって、孝子、忠臣と呼ばれるようにならなければなりません。（真のお母様、天一国経典『天聖経』第十二篇 第四章 第三節 39）

環境創造としての伝道

「創造主、天の父母様に似た、真の愛を実践する天一国《てんいちこく》の真の主人になろう」。日々、生活していく中で、天の父母様を忘れてはいけません。私たちが地上生活をしているとき、創造主であられるその方が造られたこの地上界が、しっかりと保存されなければなりません。ですから私たちの使命は、伝道をして、人々を教育しなくてはいけません。堕落した人間を復帰しなければならないということです。

ですから、私たちがすべきことは伝道です。その次に、私たちの周辺を広げて、天の父母様が全力を尽くして創造されたこの美しい創造世界をしっかりと保存しなければなりません。（真のお母様、二〇一四・一・二）

真のお父様は、蕩減《とうげん》復帰摂理を完成、完了してくださいました。天一国を開いてくださったのです。しかし、天一国のための環境は今、私たちがつくらなければなりません。すぐに天地開闢《かいびゃく》になるのではありません。

私たちが精誠を尽くして、どれほど「私」の兄弟と私の氏族、私の国と隣人を愛で抱いたかということが重要であり、それが伝道の実として残るのです。食べて寝ることを忘れ、一つの生命でも天に捧げようと思いなさいというのです。

皆さんは、祝福を受けて子女がいるはずですが、一つの生命が生まれるとき、どれほど神秘的で待ち遠しいでしょうか。天の祝福を感じるのです。皆さんの努力によって、一日に生命を一つずつ誕生させられるとすれば、大きな祝福を受けるでしょう。（真のお母様、天一国経典『天聖経』第十二篇 第四章 第三節28）

皆さんが地上で神様のみ旨のために、真のお父様のみ言《ことば》を中心としてどのように暮らしたのか、どのような環境をつくったのか、神様のようにみ旨成就と人類復帰のため、どれほど切実に、生命を一つでも多く救おうと涙をたくさん流し、努力したのか……。

私たちの目標は地上天国、天上天国を創建することですが、天国に行く一番の近道は、私たちが真の家庭を成すことなのです。家庭理想の完成ということです。

そうであれば、家庭は愛を中心として一つにならなければならないでしょう。夫婦、父母と子女、氏族の垣根がなくなるように、愛を中心として神様、真の父母様のみ言《ことば》によって生まれ変わり、私たちは神様のように、真の父母様のように環境を創造しなければならないのです。環境創造は皆さんの行う伝道でなされます。

神様が天地創造された時、「光あれ」と（言われました）。鉱物界から始められ、小さな微生物から高等動物へと、段階ごとに期間を置いて創造されました。そうして最後に、神様が最も愛され、御自身の体にしようとされたアダムとエバを創造されたのではありませんか。それが神様の理想だったのです。それが家庭理想であり、天国でした。このようにしてまで神様は、アダムとエバのために環境を創造してくださったのです。

置き換えて考えてみると、皆さんも同じことです。私たちは、天一国《てんいちこく》という目標に向かって環境創造をしなければならないのです。伝道しなければなりません。私たちが避けることのできない責任です。誰かに押しつけることはできません。（真のお母様、

（二〇一二・一二・二五）

皆さんはあまりにも多くの福を受けました。受け止めきれないほどの福を受けましたが、福は感謝する心で分かち合うほど、大きくなります。自分だけのものだと思う人は、それ自体で終わりです。それを真の愛で分けてあげようとする人は、環境が広くなります。環境が大きくなります。

祝福家庭の祝福とは、その位置を祝福したのです。ですから、その位置で座っているだけではいけません。成長しなければなりません。成長です！　成長は、さらにどのような言葉で表現されるかと言えば、責任を果たすことです。責任分担です！

皆さんが大きく深く根を下ろすには、氏族メシヤの責任を果たさなければなりません。それは、伝道をしなければならないということです。皆さんの環境圏を広げなければなりません。一人の根、一家庭の根では、風に揺れることもあります。

しかし、皆さんを中心とした氏族が根を一緒に下ろすようになれば、荒々しい津波が来ても何が来ても引き抜かれることはありません。（真のお母様、二〇一五・三・一八）

二世たちを良い環境で育つようにしなければなりません。み旨の中で、純潔で美しく、良く育つことができるようにするためには、父母が環境創造をしてあげなければなりません。ですから、学校でも、社会でも、堂々と真の父母様の二世、三世であることを誇れるようにしなければなりません。誇り高く育てなければなりません。彼らが私たちの希望です。

（真のお母様、二〇一三・一〇・一七）

「私」が祝福を受けたのは、私一人が良くなるためではありません。先に召されたのであれば、世界全体の兄弟の家庭を、私の家庭のようにしなければなりません。「天運をつないで私の家庭のようにする」と考えなければなりません。

一人だけのために生きてはいけないというのです。家庭において「家和万事成《いえわしてばんじなる》」を成し遂げ、すべての家庭を和合させて統一できるようにしよう、と考えなければならないという意味です。（天一国経典『天聖経』第十二篇 第三章 第五節81）

天の孝子・孝女となる

人間は本来、堕落していなければ、善なる世界で立派に育ち、神様の愛の祝福を受けて、神様の心情に通じる子女になることができました。ですから、神様が「あなたたちは私の心情を受け継ぐことができる孝子、孝女だ」と言える心情関係を完結しなければなりません。心情が通じなければ孝子、孝女になれないのです。

神様がどのような路程を歩んできたかを知らなければなりません。そうして創造理念の前に掲げられる、本然のアダムとエバの形態を整えなければならないのです。（一九六〇・四・二四）

それでは、神様の願いとは何でしょうか。世界を救うことです。神様の事情とは何でしょうか。息子、娘を愛したいと思っていらっしゃるということです。神様の愛の願いとは何でしょうか。その愛に酔って暮らしたいと思っていらっしゃるのが、神様の愛の願いです。

それゆえに、神様の願いと事情と心情に通じなければなりません。それに通じなければ、孝子になることはできません。それが統一教会の骨子となる思想です。神様の事情を知ろうという人が、神様がいるのかいないのか分からなくていいのですか。神様の願いが何なのか分からなくて、孝子になることができますか。神様の心情が悲しいのかうれしいのか分からなくて、孝子になることができますか。到底不可能な話です。

孝子になる道は簡単です。父母のより多くの苦しみに自分が責任をもとうという立場が孝子となる道です。（一九七二・九・一〇）

易しい立場で易しいことをしながら孝の道理を果たそうという人よりは、限りなく難しい立場で孝の道理を全うしようという責任者、そのような立場に立った人、そのような立場に立った息子、娘こそが、孝子の行く道に入ってきた人です。それは間違いありません。

このように見るとき、神様は世界的な問題を心配していらっしゃるので、世界的な問題に責任をもとうという人がいれば、その人は、世界のいかなる民族やいかなる人よりも、神様の前で認められる近い立場に立っているということは言うまでもありません。

それゆえに、孝子の立場とは、「父母が受けた悲惨なことに対して責任をもとうとする代表的立場だ」と結論づけることができます。良いことがあっても、良いことは除き、常に悪いことに責任をもたなければならない道が孝子の行くべき道です。（一九七二・九・一〇）

周囲に散在する数多くの人々が父母に侍《はべ》って孝行している生活環境において、父母の前に孝行するということは難しくありません。

しかし、多くの人が、みな父母を排斥し、自らの行かなければならない道を避けようとする時に、たった一つしかない自分の生命を捧げることがあったとしても、行かなければならないその道において父母のために生きようとする立場に立つならば、それこそ、環境を超越した立場で孝行の道理を果たした、ということになるのです。
それゆえに、そのような人は孝子として立てざるを得ないという事実を、私たちはよく知っています。（一九七一・三・四）

世界のための神様のみ旨が残らなければならず、世界を愛する神様の愛が残らなければなりません。したがって、皆さんは、死んでもそれらを残してあげなければなりません。それを残すために自らの生涯を犠牲にする人は、孝子になり、忠臣になるということを、皆さんは知らなければなりません。

一日孝子や一日忠臣は必要ありません。一日孝子には、どれほど悪い強盗でもなることができるのであり、一日忠臣も、やはり誰もがなることができます。その場で悔い改めればなることができるのです。神様は、生まれる時から孝子、忠臣として生まれ、孝子、忠臣として生きたのち、孝子、忠臣として死ぬことができる人を願っていらっしゃるのです。

先生と皆さんを比較すれば、先生は、神様の前に皆さんよりも孝子です。なぜならば、今まで、生涯を捧げてこのような仕事をしてきたからです。

しかし、私が孝子の道理を果たしたとは夢にも思っていません。歩めば歩むほど足りなさを感じます。孝子の道理、忠臣の道理を果たしたと思う人は、そこで孝子や忠臣としては終わりです。

「私は孝子なのに、私は忠臣なのに、なぜ分かってくれないのか」と言って抵抗する人は、その峠から後退する人です。歩めば歩むほど孝の道理が残っていて、歩めば歩むほど忠の道理が残っているということを発見し、その孝を果たすことを自らの生活哲学として生きる人であってこそ、天の孝子になり、忠臣になることができるということを、皆さんは知らなければなりません。（一九七〇・一一・一）

神様の目から涙が流れ、胸には赤い血が流れ、血が流れるべき血管が詰まり、胸が詰まって瀕死《ひんし》の状態になった神様を、孝子、忠臣、聖人、聖子《せいし》の道理でもって解怨成就してあげなければなりません。

その神様が私をかき抱いて、「御苦労だった」と涙を流されても、涙を流さずに、「私は何の関係もありません」と言って神様の涙を止め、背を向けながら涙を流そうという、天理を抱いてきた人が真の父母です。（天一国経典『天聖経』第一篇 第四章 第三節 20）

人類の希望は、真の父母に出会うことです。歴史の結実は、真の父母に出会うことであり、時代の中心は、真の父母に出会うことであり、未来の出発の基地は、真の父母に出会うことです。そこに接ぎ木された皆さんは、枝になるのです。

今まで、歴史時代の願いは、すべて未来にありました。しかし、皆さんの一生を中心とする真の父母との縁は、永遠に一時しかありません。一度しかない貴いものです。先祖たちもてなかったのであり、子孫たちもてないのです。皆さんの希望は、ほかにあるのではありません。真の父母の息子、娘になることです。真の父母の息子、娘になって、真の孝子、真の孝女になることです。

その真の父母が、今後、天下を中心として、地上の万王の王になります。ですから、人類の希望や歴史の希望や時代の希望など、そのすべての希望の中心が結実できるところがここです。皆さんの希望は、ほかにあるのではありません。（天一国経典『天聖経』第二篇 第二章 第一節20）

今日、皆さん全員が、皆さんの一生はもちろん、歴史に一度しかないこのとき、天が祝福したこの黄金期に、皆さんが「責任を果たした。天の祝福と御加護が家庭と国と世界に満ちあふれた。天の父母様の真なる子女たちだった」という名誉ある記録を残す瞬間こそ、皆さんにとって忘れることのできない、永遠なる祝福であることを理解してください。（真のお母様、二〇二一・一・九）

真の父母に侍《はべ》り、皆さんの家庭、社会、国家、世界において、神様に侍る運動を展開しなければなりません。それが、今を生きる皆さんが、天の父母様の前に孝子・孝女、忠臣となる道です。私たち皆が、神様の真の子女になるべきだということです。

そこに至るための正しい道を示してくださる方が、救世主であり、真の父母であることを肝に銘じてください。一つになって、神様の夢、人類の願いをかなえてさしあげる皆さんになることを願っています。（真のお母様、二〇一六・一一・三〇）

孝情《ヒョヂョン》をもって、人類一家族世界を成す

孝は、人間にとって何よりも重要な実践徳目であり、人生における永遠の柱です。親孝行は、父母が生きている時にしなければなりません。父母が旅立ってしまった後に、いくら親孝行するといってあがいても、遅いのです。今この瞬間がどれほど貴く、誇らしいかを知らなければなりません。

このように崇高な価値を新たに発現させた孝情の光は、韓国から出発してアジアを越え、世界を照らす光として輝いています。（真のお母様、『人類の涙をぬぐう平和の母』三〇八ページ）

私たちの統一文化の特色を一言で表現するならば、「孝情を根幹とする心情文化」です。「孝情」とは、天の父母である神様に向けた私たちの精誠と愛であり、「心情」とは、愛の根本、すなわち愛が湧き上がる泉です。心情文化こそ、時空を超えて永遠の美をつくり出す本質です。

天の父母様（神様）のみ旨が成し遂げられた世界とは、一点の汚れもない清らかな心情文化が、水のように、風のように流れる世界なのです。（真のお母様、『人類の涙をぬぐう平和の母』一八八ページ）

神様は、聖子《せいし》を願います。聖人は世界が願います。国は忠臣を願います。家庭は孝子を願います。これが正に、真の真理の道です。

真の父母がいるとすれば、「お前は孝子になったので、忠臣になってはいけない。忠臣の道を行ってはいけない」とは言いません。真の父母は、その孝子に、「お前は家庭を犠牲にしても、忠臣の道を求めて国に仕えるべきであり、国を犠牲にしても、聖人の道理を果たすべきであり、世界を犠牲にしても、天が願う聖子の道を行くべきであり、天地を犠牲にしても、神様を訪ねていくべきである」と教えてあげなければなりません。

今まで誰も、このような概念があることを知りませんでした。投入して犠牲にならなければなりません。そのようにしなければ、一つの世界、一つの国は永遠に現れないのです。

（天一国経典『天聖経』第十二篇 第三章 第五節39）

私は、春になると凍土から一番先に花を咲かせるスイセンの花が好きです。堕落によって、困難で苦痛の多い人類歴史を見つめられる天の父母様の心を、どのようにして慰めてさしあげるかを、このスイセンを通じて読み取っています。まだ力はありませんが、凍りついた凍土の地を一番先に突き抜けて、春が来たことを知らせるこのスイセンを見ながら、多くのことを感じるようになります。

私は真の父母の責任を果たすに当たり、多くの環境圏の制約を六十年間受けてきました。しかし私は立ち止まりませんでした。そのようにして今日、皆さんのような友軍（味方）がたくさんできたのです。

私たちは皆、共に、天の父母様に侍《はべ》り、真の父母を通じて真の子女となる立場で、天の父母様の夢、願いを地上で成してさしあげる孝子・孝女になりましょう。（真のお母様、二〇二二・二・一三）

天国は、家庭が入る所です。夫一人がよく信仰しているといって、入る所ではありません。夫と妻、家族が一緒に入る所が天国です。

そのような世界になるならば、私たちは青少年の脱線に対して心配する必要がありません。環境圏が（正しいかどうか）本心の作用によって自ら分かり、天の前に、孝情《ヒョジョン》の心情文化圏で暮らすようになるからです。

そのような世界のために、私たち、きょう、ここに集まったアジアの若い青年たちが、世界の前に、高くそびえる先駆者であり、主役になることができるよう願います。

私たちが願う一つの世界は遠くにあるのではありません。私の家庭において、私の国において、真の父母様の「ために生きる真の愛」を実践するとき、正にそこが、地上天国なのです。

今、私たちは、真の父母を中心とした一家族です！

天の父母様の夢、人類の願いが成就する、神様を中心とした人類一家族となるその日に向かって、皆さんが力強い歩みで、勇進するようお祈りいたします。（真のお母様、二〇一七・六・一三）

生活信仰、生活伝道、生活教育
信仰の花が咲く家庭となるために

2024年2月15日　初版第1刷発行
2024年4月 8 日　　　第5刷発行

編　集　天の父母様聖会 世界平和統一家庭連合
発　行　株式会社 光言社
〒150-0042　東京都渋谷区宇田川町37-18
https://www.kogensha.jp

ISBN978-4-87656-389-0

2010000129098

定価は裏表紙に表示しています。
乱丁・落丁本はお取り替えいたします。

本書に対するお客様のご意見・ご感想をお聞かせください。
今後の出版企画の参考にさせていただきます。

感想はこちら→